社会主义核心价值体系建设

"双百"出版工程

项 目

/ 100 位
新中国成立以来感动中国人物/

王　选

郭洪波／著

★

吉林文史出版社

《100位新中国成立以来感动中国人物》丛书

★★★★★

编 委 会

前 言

　　每个人的心中都多少有一点英雄情结，都向往英雄、景仰英雄。也正因此，在中华人民共和国建国六十周年之际，由中央十一部委联合组织开展的"100位为新中国成立作出突出贡献的英雄模范人物和100位新中国成立以来感动中国人物"的评选活动中，群众参与投票总数近一亿。这其中的每一张选票，都表达了人们对英雄模范的崇敬之情，寄托着对伟大祖国的美好祝福。

　　一个民族不能没有英雄，否则这个民族就不会强大。当国家危难之时，懦弱者选择了逃避、妥协甚至投降，英雄们却挺身而出，用热血捍卫民族的尊严，人民的幸福。在创立和建设新中国的伟大历程中，涌现出无数可歌可泣的英雄模范人物。他们之中，有为了民族独立和人民解放而英勇牺牲的革命先烈，有为了党和人民的事业而不懈奋斗的优秀共产党员，有在全民族抗战中顽强奋战、为国捐躯的爱国将士，有英勇杀敌的战斗英雄和革命群众，有积极从事进步活动的著名民主爱国人士和国际友人……他们是民族的脊梁、祖国的骄傲，是激励全体人民团结奋斗的精神力量。

　　《100位新中国成立以来感动中国人物》丛书，就像一部星光璀璨的英雄谱，真实、完整地记录了英雄模范人物不平凡的一生，再现了他们非凡的人格魅力和精神世界。舍身堵枪眼的黄继光，拼命也要拿下大油田的王进喜，中国原子弹之父邓稼先，新时期领导干部的楷模孔繁森……一串串闪光的名字，一个个动人的故事，犹如群星闪烁，光耀中华。

　　当今中国正处于伟大变革的时代，迫切需要涌现出一大批勇于承担历史使命、为祖国和人民奉献一切的先进人物。在"双百"人物崇高精神的引领下，在建设社会主义现代化国家的征程中，必将英雄辈出。

生平简介

王选(1937–2006),男,汉族,江苏无锡人,1937年2月生于上海,1958年毕业于北京大学数学力学系。历任北京大学计算机研究所讲师、副教授、教授、博士生导师,副所长、所长。

1991年当选中国科学院学部委员(院士),1993年当选第三世界科学院院士,1994年当选中国工程院院士。1994年后任文字信息处理国家重点实验室主任,电子出版新技术国家工程研究中心主任,北大方正技术研究院院长,方正控股有限公司董事局主席、首席科技顾问,中国科协副主席,国家中长期科学和技术发展规划总体战略顾问专家组成员等职务。1995年后担任九三学社中央副主席。2003年当选为第十届全国政协副主席。他是第八届全国政协委员,第九届全国人大常委会委员、全国人大教科文卫委员会副主任委员。

王选院士是著名的计算机应用专家,主要致力于文字、图形、图像的计算机处理研究。1975年开始主持我国计算机汉字激光照排系统和以后的电子出版系统的研究开发,开创性地研制当时国外尚无商品的第四代激光照排系统,针对汉字印刷的特点和难点,发明了高分辨率字形的高倍率信息压缩技术和高速复原方法,率先设计出相应的专用芯片,在世界上首次使用控制信息(参数)描述笔画特性的方法,获一项欧洲专利和八项中国专利。这些成果的产业化和应用,占领了国内99%的报业市场、90%的书刊(黑白)市场以及海外90%的华文报业市场,使延续上百年的中国传统出版印刷行业得到彻底改造,被公认为"毕昇发明活字印刷术后中国印刷技术的第二次革命",也为信息时代汉字和中华民族文化的传播与发展创造了条件。

此后,王选院士又相继提出并领导研制了大屏幕中文报纸编排系统、远程传版技术、彩色中文激光照排系统、新闻采编流程管理系统和直接制版系统等,这些成果达到国际先进水平,在国内外得到迅速推广应用,使中国报业技术和应用水平处于世界前列,创造了极大的经济效益和社会效益,成为我国自主创新和用高新技术改造传统行业的典范。

王选院士一生勇于创新、淡泊名利、甘为人梯、无私奉献,为广大知识分子树立了光辉的榜样,赢得了祖国和人民的高度评价与广泛赞誉。其成果两次获国家科技进步一等奖,两次被评为中国十大科技成就。王选院士因此获联合国教科文组织科学奖,日内瓦国际发明展览会金牌,首届毕昇奖,首届中国专利发明创造金奖,陈嘉庚技术科学奖,何梁何利科学与技术进步奖,美国中国工程师学会个人成就奖,台湾潘文渊文教基金奖,香港蒋氏科技成就奖等,并多次被授予全国劳模、全国先进工作者、首都楷模等光荣称号。2002年初,鉴于王选院士在科技领域作出的杰出贡献,国务院隆重授予他2001年度国家最高科学技术奖。

2006年3月13日逝世,享年70岁。

1937-2006

[WANGXUAN]

◀王　选

目录 MULU

王选将永远活在人们心中（代序）

1975 年 5 月，王选老师的"全电子照排系统"初步设计方案获北京大学领导支持，列入学校的科研项目。重病在身的王选备受鼓舞，他和妻子陈堃铢下定决心，排除万难，研制汉字激光照排系统，献身祖国的"748 工程"。但是，王选的远大志向却让不少人感到吃惊，他们认为王选的方案是异想天开、白日做梦！

当年，中外在印刷术上的差距实在太大了！国外印刷术早在 1940 年就进入照排时代，把照排技术与计算机相连，实现了书报自动排版，取代了铅字。他们从 40 年代初开始，历经第一代手动照排机、第二代光机式照排机、第三代阴极射线管式照排机，经过 30 多年才开始研制第四代激光照排机。但是，直到 1975 年，美国、英国、日本等先进国家都还没能研制出激光照排机商品。

由此可知，研制四代机在西方也不是轻而易举的事情。西方的拼音文字只有 20 多个字母，充其量不过 100 多个字符，而汉字却多达五六万！常用字也有 3500 字。印刷用的字体字号就更多了，字头数在 100 万以上，汉字点阵对应的总存储量将达 200 亿位！这样超容量的巨型磁盘是根本无法制造的。再说，当年的计算机连汉字的输出输入难题都没能解决，中国的印刷行业仍停留在中世纪原始的"铅与火"的铅字排版时代！有人曾为此伤心地断言：不废除汉字，中国就不能进入信息化，不能进入现代文明！

在如此严峻的形势下，王选居然想跳过西方第一、二、三代照排机，直接研制最先进的第四代汉字激光照排机，自然会引起很多非议。连一些业内人士都认为王选的想法太离奇，充其量只是一场虚幻迷人的数学游戏罢了！

在一片质疑和嘲讽声中，王选义无反顾地把目光锁定国外正在研制、世界最先进的"第四代机"。他决心为中国汉字印刷术的第二次革命献出毕生的心血，让中国人甩掉铅字印刷的梦想成真！

王选的激情来自他对祖国、对中华民族文化的无比热爱。他对历史悠久、字体优美、承载着 5000 年中华文明史的方块字满怀痴情。他深信，富有顽强生命力的汉字，必能突破一切羁绊，踏入信息化时代！

1975年初秋，王选以惊人的智慧，独辟蹊径，发明了高倍率汉字字形压缩方案，他用轮廓加参数的描述方法，使庞大的汉字字形信息量一下子压缩了500倍！他同时还发明了使被压缩的信息瞬间复原的方法及失真最小的汉字变倍技术。

从此，汉字就被王选赋予了神奇的魔力，它不但能轻松地跳过电子龙门，自由出入电子计算机，而且具有孙悟空七十二变的本领：能大能小，能胖能瘦，能高能矮，为研制汉字激光照排系统扫除了最大障碍。

不久，以王选上述发明创造为核心技术的"北大748工程"被纳入国家规划，获得国家支持。但是，汉字激光照排系统是一项庞大的高科技工程，王选虽然发明和创造了工程的核心技术，但要想研制出实用的"第四代机"，还要继续攀登科技险峰，还要不断创新，攻克一系列科技难关！王选后来在回忆这段漫长的艰苦历程时，曾感慨地说：从1975年到1993年这18年中，我一直有种"逆潮流而上"的感觉，这个过程是九死一生的，哪怕松一口气，都不会有今天的成功！确实，在这18年中，他没有周末和星期天，没有休假日，也没有春节！在漫长的5570个日日夜夜中，病弱的王选没休息过一天！其实，自1993年之后，直到2006年去世，他又何曾享受过普通人的正常休息！

王选和他的助手们经过十几年艰苦卓绝、九死一生的顽强拼搏，终于研制出实用的汉字激光照排系统。使我国的汉字印刷从"铅与火"的时代，一步跨过半个世纪，跃入"光与电"的时代，彻底改造了我国的传统印刷行业。王选还创建了集科研、开发、商品化生产、销售、服务于一体的现代化高科技产业——北大方正集团，获得了巨大的社会效益和经济效益。他还率团队先后完成了以页面描述语言的远程传版技术、开放式彩色桌面出版系统、新闻采编流程计算机管理系统，在我国报业和印刷业连续引发了三次技术革新，把昂贵的进口传真机和分色机送进了历史博物馆。使汉字激光照排系统占领了99%的国内报业市场、90%的书刊（黑白）市场和80%的海外华文报业市场。王选的发明，让我国汉字印刷术又重新立于世界领先地位，使历史悠久、辉煌灿烂的中华民族文化能昂首阔步地踏入了信息化时代。

如今，人们的生活早已离不开王选发明创造的核心技术了。每天，当我们在读书看报的时候，当我们用手机向亲友发出良好祝愿的时候，当我们敲击键盘，完成一篇博客短文，或轻击键盘，将长篇巨作发往天涯海角时，我们都会想起王选，怀念王选。

王选的名字已经铭刻在人们脑海中，王选将永远活在人们心中！

少年时代

⊙→ 美满家庭

★★★★★

1937年2月5日，一个可爱的男婴，迎着新春的曙光，在上海市衡山路一家宅院里诞生了。父母给儿子起了一个很普通的名字——王选。他上面已经有了两个哥哥和两个姐姐，他排行第五。

当时，谁也不曾料到，这个小男孩儿，在他刚刚踏入中年时，就成为中国汉字激光照排系统的创始人，在北京引发了一场震惊中外的汉字印刷术大革命，被誉为中国当代毕昇。

王选的父母都是正直宽厚的知识分子。父亲王守其是学铁路管理专业的，毕业于南洋大学。在动乱的旧中国，他没有机会在对口专业上施展才华，就在上海新通公司担任了会计师。这家公司主要是同欧美国家进行机械工程方面的贸易，经济效益不错，王守其身为高级职员，收入也还算丰厚。他做事认真谨慎，管理的账目和现金从来没有出过差错。他相信科学技术能救国，因此，他对几个子女的数理化成绩特别重视，他常常督促子女们要学好数理化，将来好报效祖国。

父亲的爱国热情和民族气节，曾给王选留下了深刻的印象。

在上海的黄浦江上，横跨着一座外白渡桥，这本来是上海人跨越黄浦江的自由通道。日本鬼子占领上海后，为推行奴化教育，滥施淫威，在桥上挂了一面日本国旗，并派兵把守。凡过桥者，都得向膏药旗三鞠躬方能通过。王选的父亲为了不受这份侮辱，宁肯绕远道去买东西，也绝不过桥向侵略者的国旗鞠躬。

还有一次，王选的姐姐买回几支价钱便宜的日本铅笔。爸爸见到后非常气愤，严令女儿把铅笔扔进火炉里烧掉。他告诫子女们：家里再穷，也不许买日本货！

母亲周邈清，是一位贤惠的知识妇女。她的父亲，即王选的外祖父，曾留学日本学过化学和测绘，思想开明，具有强烈的反封建意识，坚决反对妇女缠足。王选的母亲和姨妈们都没有受过缠足之苦。

王选的父母待人宽厚，疼爱子女，一家七口人过得十分和睦，家里充满了温馨和睦的气氛。兄弟姐妹之间也都能互相关心，十分友爱。有一年，王选的二哥患了重病，长期低烧不退，全家人都很焦虑不安，王选自告奋勇地给哥哥量体温，一天三次，每次量完之后都把体温记在小本子上，然后再根据记录画出哥哥体温变化曲线。只要一发现哥哥的体温下降了，王选就会高高兴兴地把喜讯告诉全家每一个人。

和睦幸福的家庭，使王选拥有一个幸福的童年，也为他的健康成长，提供了良好的环境。

➔ 南洋模范学校

★★★★★

王选从 4 岁上幼儿园起，一直到 1954 年高中毕业，他都是在同一所学校就读的。这所学校的名字叫"上海南洋模范学校"。它不但有小学部、初中部和高中部，同时还设有幼儿园。这是一所私立学校，校长是著名的教育家沈同一先生。这所学校不但校风好，教学质量也高，先后培养出不少栋梁之才，是上海一所很著名的学校，声誉同省立的上海中学相媲美。

王选从小就是个守纪律、有礼貌、学习勤奋的好学生。

△ 中学时代的王选

他的学习成绩总在班里位列前三名。当过副班长、班长。他读五年级时，老师在班上搞过一次评优活动。评选时，班上为王选举手的人最多，王选被评为"品行最好、最受大家欢迎的同学"。当时，王选并没有太在意这份荣誉，当他成名之后，回忆成长历程时，他才意识到这次评选跟他后来的成就有很大关系。一个人要想日后取得成就，先要做一个好人。好人的标准并非高不可攀，王选说："考虑别人与考虑自己一样多就是好人。"他的父母、老师从小就教育他要做好人。他从小学升初中，从初中升高中，都因品学兼优被保送"直升"。

王选是好学生，可不是书呆子。他很喜欢体育活动，他喜欢打乒乓球，也爱踢足球。他还是踢毽的能手，一口气能踢几百个。

王选性格温和，待人宽厚，做事有主见，很有股子倔强劲。他被保送上南洋模范学校初中部时，家里发生了一场激烈的争议。原来，南洋模范学校的幼儿园和小学部都在上海市内，唯独初中部在上海郊区的一个小镇子里，虽说田野小镇的风光迷人，但生活条件比城里艰苦得多。学生宿舍很简陋，几十个人住一间大屋子，又闷又热。当地没有电灯，上晚自习时只能用嗞嗞作响、白光耀眼的汽油灯。一日三餐就更无法同城里相比了。父母出于对小儿子的疼爱，担心王选过不惯乡镇艰苦的生活，不赞成王选上"南模"的初中部。可是，王选对南洋模范学校的感情很深厚，非要上"南模"读书不可：不就是生活艰苦些么？那算什么，男子汉还怕苦！

家里人拗不过他，最后还是尊重王选的意愿，让他到郊区去寄宿上学。

事实证明，王选的选择是正确的。当年南洋模范学校校长沈同一是位很有教育思想的办学人，他利用"名校"的声誉，高薪聘请了一大批高水平教师来"南模"任教，其中有不少是从大学聘来的讲师、教授。

一流的教师带来一流的教育教学水平，高水平的教师很善于通过自己的教学，激发起学生学习的兴趣，培养各类优秀人才茁壮成长。王选对数学的浓厚兴趣，就是在中学时代培养起来的。他在初中时就已经对数学产生了浓厚的兴趣。他读初三时就曾抢在老师讲课之前，超前做完一厚本练习题。到了高中，由于赵宪初老师把三角课讲得十分生动风趣，王选对数学课的喜爱简直到了入迷的程度。解放后，赵宪初成为上海著名的数学特级教师。

王选中学时代的两位英语老师也很出色。他们流利的对话能力及认真负责的教学态度都很令同学们钦佩。他俩的英语造诣都很深，其中一位老先生是哥伦比亚大学的文学硕士。王选所以能够有良好的英语基础，跟中学的英语老师有很大的关系。

王选不但学习刻苦、勤奋，在思想上也很要求进步。他早在初三时就加入了团组织。他被保送上高中之后，还担任过团支书，发展了十多名团员。他本人曾被评为模范团员。

1954 年夏，王选高中毕业了。17 岁的王选心中早已选定了未来的志向。他在填报高考志愿时，三个志愿都报的是数学系，第一志愿报的是北京大学数学系，第二志愿报的是南京大学数学系，第三志愿报的是东北人民大学（现在的吉林大学）数学系。

上海南洋模范学校为王选的健康成长，为他日后成为栋梁之才打下了坚实的基础。他献身数学科学的远大志向就是在"南模"培育起来的。每当他回忆起母校那优美的校园，想起师长们对自己的精心培育，他都会热泪盈眶，激动的心情好久才能平静下来。他在回忆自己少年时代时，曾满怀深情地说："我永远也忘不了在上海'南模'度过的美妙时光，也永远忘不了在自己的成长过程中，母校的师长们为我倾注的心血……"

北大骄子

→ 踏上未名湖畔

1954 年 8 月，17 岁的王选登上火车，离开上海向北京飞驰。他怀揣着北京大学录取通知书，凝视着窗外一掠而过的青山绿水和稻谷飘香的田野，不由心潮起伏，思绪万千。

七年前，他随父母到黄埔码头送大姐去北平燕京大学医科预备班的时候，觉得大学是那样遥远神秘，那样高不可攀，如今，似乎是一眨眼的工夫，自己也将成为一名大学生了！

风华正茂，鹏程万里，怎不令人陶醉！这次去北京，他不但要一览古都风貌，而且要踏进全国第一流的高等学府深造。他要向神秘莫测、奥妙无穷的数学王国挺进，数学王冠上的那一串串明珠，已在他眼前忽隐忽现地放射出令人炫目的光彩……

当王选踏进北大的校门，漫步未名湖畔时，他的心中又增添了一股激情。北大的校园，比他想象的还要美！碧波荡漾的湖面，古香古色的宫殿式建筑，藏书数百万册的图书馆，教师队伍中名扬中外的专家教授，这一切都使这位衣着朴素、身材修长的江南青年振奋不已。

北大 54 级数学系总共录取了 200 多人，都是全国各地数学尖子。年龄最小的马希文当年只有 15 岁，他是系着红领巾踏进北大校园的，被《北京日报》称为神童。张恭庆、陈天权、张景中、杨路等人在中学时代都是数学老师的宠儿，后来都成为我国著名的数学家。

马寅初校长在开学典礼上，面对朝气蓬勃的新生，发表了热情洋溢的贺词。仿佛，他已经预料到本届新生中也将涌现出一批出类拔萃的人才。

马寅初在办学上和他的人口论一样，很有卓识远见。北大把教学重点放在基础课上，抽调校内著名的学者教授任基础课教师。例如，教王选解析几何的是江泽涵教授。他在1954年就已是北大一级教授，在数学上与华罗庚齐名。教王选高等代数的老师，就是后来担任北大校长的丁石孙教授。数学分析课由程民德教授任教。教理论力学的王仁先生是解放后才从美国归来的学者。教实变函数的冷生明先生是一位教学经验十分丰富的优秀教师。

担任基础课的教师们不仅具有真才实学，而且各自都有一套科学、严格的教学方法。他们不端教授的空架子，上课一丝不苟，大课下来有小课，每节课后都留有精心编选的习题，治学十分严谨。

学过高等数学的人都知道，初等数学研究的对象主要是常量和不变的图形。而高等数学研究的对象则是变量和变化的图形。对于新入学的大学生来说，由初等数学进入高等数学，是一个很高的门槛，是一次质的飞跃。历年都有一批大学生就因没能迈过高等数学的门槛而败下阵来。这里固然有学生的素质问题，但根本的原因还在于教师的教学水平不高。

王选是幸运的，在优秀教师的指导下，他以门门5分（当时北大在教学上实行5分制，5分是最高分）的成绩，轻而易举地越过高等数学的门槛。他还融会了老师们不同的治学风格，总结出适合自己特点的学习方法。

他看参考书坚持少而精，以一当十。看书的目的是为了鉴别对比。在学习实变函数时，他把老师讲课时所采用的教材体系与苏联的教材体系都找来，他钻透一个体系之后再钻进另一个体系里去，然后再进行对比分析，对概念的理解就深刻多了。不像有的同学，东一本西一本地看了不少书，费时不少，收效不大，最后连基本概念都没搞清楚，成绩自然不会好。

做习题时，他也从不搞题海战术。做题前先把基本概念搞清楚，做完题认真总结：哪些题是同一类型？有何特色？做这类题有什么规律可循？如果发现自己的解题方法不如别人，他就会严厉地质问自己：你为什么采用这么拙笨的方法？为什么没能想出他那种聪明的方法？

时过三年，王选学会了科学归纳问题、分析问题的方法，养成了严密、精确的逻辑思维方式，大大提高了自学能力和独立分析问题、解决问题的能力。他在回忆自己成才过程时曾感慨地说："北大的基础课学习使我终生受益。他对我三十多年的科研工作起了至关重要，甚至是决定性的作用。"

确实，搞计算机，不论搞硬件还是软件，都要有坚实的数学基础和精确的数学思维方式。在进行逻辑设计或编制程序的时候，只要有一条指令发生错误，就会使整个计算机系统瘫痪，产生灾难性的后果。

王选前些年曾做过一个有趣的统计。他发现，世界上获国际计算机最高奖——图灵奖的二十多人中，几乎都是学数学出身的，偶有例外者也都具有很强的数学根基。至于国内计算机界，1988 年前荣获国家科委授予的"国家级有突出贡献的中青年专家"称号的，绝大多数都毕业于北京大学数学系。

由此可知，北大当年安排高水平教师担任基础课教学，实在是一项高瞻远瞩的举措。

任课教师和同学们都把王选视为班上的高才生。但他自己却一再否认。因为他从一上小学起就是学生干部，社会工作的担子随年级的升高而不断加重。上北大之后，他先后担任了团支书和系分团委委员，分散了不少时间和精力。上课时难免为一些繁杂的社会工作走神。课余时间也比别人少得多。尽管他绝大多数功课都获得了满分，但他认为自己在学习上下的功夫还远远不够，算不上超一流水平。

北大当年的住宿条件并不好，一间大屋子住 24 人，没有暖气，冬天得生煤球炉子取暖。同学之间相处得很好，彼此互相关心，真诚相待。有一位从海南来的同学，因患肺结核，身体很瘦弱，生活也很困难，在秋雨绵绵的季节，他还穿着一身单衣。王选发现后，把自己的一件新秋衣借给了他。入冬之后，王选又捐赠了一个月的伙食费帮他添置棉衣。

还有一位同学，在数九寒天还穿不上绒裤和棉衣，王选就和同学们一起凑钱给这位同学买了衣服。大家又担心这位同学不肯接受，便由女同学在绒裤上绣上他的名字，悄悄压在他的枕头下面。时隔三十多年之后，王选依然深情地怀念着寄宿北大校园时那种洋溢着淳朴友爱气氛的大学生活。

就选计算数学专业

★★★★★

1956 年 9 月，王选升入大学三年级。当时数学系共分三个专业：数学专业、力学专业和计算数学专业。

大学生们对专业的选择历来是非常重视的，它对一个人的发展方向往往起着决定性作用。在这决定人生前程的关键时刻，王选也在认真思考：到底选哪个专业好呢？

数学专业当然是诱人的。这是一门古老而又成熟的科学。古今中外的数学家们，用非凡的智慧和辛勤的汗水，已为人类开拓出无数令人惊叹的数学领地，产生了一套套严密的理论体系。这些理论都是人类智慧的结晶，宛如一朵朵令人惊叹的奇花异葩，在神奇的数学花园里散发着醉人的芳香。

数学专业犹如一条崎岖曲折的山路，通向高深莫测的数学殿堂。它是有志攀登数学高峰，跨入数学家行列，在数学王冠上摘取明珠的必经之路。王选在两年前的北上列车上就曾经做过这样的美梦！

相比之下，计算数学专业却像一片正待开垦的处女地，显得荒凉、冷清。它是根据我国十二年科学规划的精神，刚刚建立的新兴专业。当时连一套像样的教材都没有，更不要说什么完整严密的理论体系了！在那些渴望学习高深理论的大学生眼中，实在很缺乏诱惑力。

还有，计算数学应用性强，编制程序繁杂琐碎，包含大量非创造性的技术工作，搞不好，忙忙碌碌几十年，一事无成，悔之莫及。

志向远大的高才生们，理所当然地纷纷选择了数学专业。

王选却从另一个角度进行思考：新建立的计算数学专业，在眼下确实没有什么系统的理论可学，但新生的专业总是代表着未来，越不成熟，留给人们的创造空间就越广阔。相反，越是古老、充实的学科，越是完整严密的理论体系，就越难以取得新的突破。

不过，选专业毕竟是一件大事，王选没有匆忙作出决定。但是，他对报刊上有关电子计算机与航天工业的论述，开始关注起来。钱学森关于电子计算机与航天工业的论述，就使他激动了好几天，还产生过驾驶宇宙飞船，遨游太空的美妙遐想。

数学所胡世华先生在一篇文章中论及计算机在国防中的重要作用时断言：在未来的战争中，导弹的发射、拦截，飞机的投掷及空战，统统离不开电子计算机。计算机在未来的国防及航天工业中的神奇作用，更使王选对计算数学产生了浓厚的兴趣。

最重要的是，周总理在 1956 年的一次讲话中，把无线电子学及计算机技术都列为国家重点科研项目，这对王选是一个很大的鼓舞，对他选择专业方向也起了重要的作用。

王选经过反复思考，最后终于拿定了主意：我就选计算数学专业！

➡ 难忘的专业课

★★★★★

1957 年 9 月，王选升入大学四年级。计算专业课由张世龙老师担任。

张世龙是天津人，这年才 28 岁。他 1951 年毕业于北京燕京大学物理系。他不但有扎实的理论基础，而且动手能力极强，是个无线电迷。他知识渊博，思想活跃，是一位才华横溢的年轻教师。他对王选的专业课学习产生过重大影响，是王选所敬重的老师。

张世龙在学生面前从不摆老师架子。他和学生初次见面时就幽默地说："先生，先生，不过比你们先出生几年而已。"

电子计算机技术在当时还是尖端技术，即使在科学最发达的美国，也把它列为高级国防机密。别看张世龙先生大胆地开了专业课，但他并没有见过计算机是什么模样。董铁宝教授虽然在美国用计算机解过题，但也不知晓"黑匣子"里面的奥秘。

教计算机课没计算机怎么行？张世龙钻进图书馆翻遍了有关的资料，终于从一本外国杂志上查到一则很简单的有关计算机的报道。张世龙就凭这则小小的报道，在没有详尽资料、没有样品的情况下，独自进行逻辑设计和电路设计，工作的艰难可想而知，他每前进一步都要付出艰苦的代价。但是，这位年轻的教师居然取得了成果，设计出一台小型计算机模型。

从实验结果看，模型的逻辑设计和电路设计都是严密、正确的。张世龙取得了教学主动权。他根据自己的实践，绘制出详尽完整的电子计算机原理图。当时有一家空军研究所对此给予了高度的评价，认为张老师编写的讲义比很多国外的教材还要充实、具体得多。

张世龙揭开了"黑匣子"的秘密，使神秘的电子计算机一下子直观地展现在学生面前，大大提高了教学质量。

54 级计算数学班的 20 人中，除了少数同学被错打成右派，不幸中断了学业之外，其余的十多人，日后都成为我国计算机事业的优秀骨干。而王选则是其中的佼佼者。他不但从张世龙老师那里学到了比较扎实的专业知识，同时也从他研制计算机模型的过程中，体会到勇于创新、勇于实践的大无畏气概在攻克科技难关中的巨大作用。

大学期间，王选在学习上始终一帆风顺。不论基础课还是专业课，他的成绩一直名列前茅。在攻克科学堡垒的征途中，王选不愧是一名智勇双全的优秀战士。但是，在政治生活中，他却单纯到近乎天真的程度，致使他遭到了意外的挫折，险些招来横祸。

王选不是那种两耳不闻窗外事的书呆子。恰恰相反，他很关心国家大事，一贯热心社会工作。1955年，他在担任系分团委委员期间，曾在班里搞了个"大家谈"的活动。他发动同学们深入社会采访调查，归来后畅谈家乡及新中国各个领域里的发展变化。形式生动活泼，效果很好，受到北大团委的好评。

从同学到老师，从党支部到团委会，一致认为王选是品学兼优的学生。党支部自1956年起就把他列为重点发展对象。

他填写了入党申请书之后，心情非常激动，十分坦率地向组织交心。

他对某些党政干部进城后的腐化现象提出了忠告，并提请党组织予以足够的重视。

王选怀着对党的一片赤诚之心，把自己对历史和现实的一些看法都毫无保留地和盘托出。他做梦也没想到，在反右斗争前夕，他的坦诚直言很容易让人误解扭曲而招来灾难。

果然，王选的这次交心谈话，引起一些领导人的极大震惊：表现出色的王选怎么会有这样的"反动思想"？！

王选的申请书被抛到一边，他的入党问题被无限期推迟了。

转年，反右斗争开始了。王选的同学中，有四分之一被打成右派，不得不中止了学业。数学系中一些超一流的天才如张景中、杨路等同学都被打成"极右"，发配到新疆。

一些同学因言获罪，遭到批判斗争的严酷现实，使王选目瞪口呆。他对此感到困疑不解。于是，这位深受同学拥护，热衷于社会工作的团干部，突然变得沉默了。

王选还算万幸，他的评语中虽然出现了"大鸣大放期间思想混乱"等不祥的字眼儿，但这和"右派"大帽子相比，已经是够幸运的了！他总算平安地度过了人生道路上第一个险恶的政治漩涡。

王选的父亲可没有他幸运，他在上海被扣上了"右派分子"的帽子。这无疑在王选日后的人生旅途中投下一道浓重的阴影。

研制计算机的岁月

➔ 调试"北大一号"计算机

★★★★★

1958 年春天，王选进入大学最后一个学期的学习。这时，专业课已经全部学完，学校把调试"北大一号"计算机列为计算数学专业的实习课内容。王选和同学们一起参加了调试工作。

"北大一号"计算机是由张世龙老师设计的。这是中国最早的两台自行设计的计算机之一（另一台是科学院夏培肃先生设计的小型计算机，后被命名为 107 机）。由于零部件的工艺水平太差，调试工作非常困难。于是，张世龙又重新设计了一台，命名为"北大改进型一号机"。张世龙在确定了主要设计原理和设计思路之后，大胆地把具体设计任务交给了一名青年人。这个青年就是张老师最得意的门生——王选！

当时挑中王选是否出于偶然呢？本书作者在三十年后采访张教授时曾向他提出过这个问题。张教授回答说："并非偶然。王选当时是我最喜欢的学生之一。他勤奋好学，头脑聪明，心胸又开阔，具备科学家的良好素质。"

张教授在三十年前就看中了日后的栋梁之才，真是好眼力！

王选接受了老师的重托之后十分兴奋。他怀着跃跃欲试的心情，同空军第三司令部派来的三名协作人员一起，紧张地投入了设计工作。

1958 年是大跃进年代。北大当时想用半年多的时间，在实验室里研制出实用的电子计算机，向国庆献礼。这一充满革命浪漫主义的设想可把具体研制人员忙坏了，由于工作艰难，时间极为紧迫，王选他们夜以继日地干，连星期日都搭进去了。

设计工作固然不易，调试工作更加繁难。有时，王选半夜起床到机房接班调试机器，直到第二天吃午饭时才跌跌撞撞地跑到食堂去吃饭。

△ 1958年，大学实习期间，王选（右一）和同事们参加"北大一号"计算机的改进工作

空前紧张的调试工作，很快就把王选忙昏了头。一天半夜，他从双人铺上爬下来，匆匆穿上衣服钻进实验室调机，一口气调到中午12点才出屋去买饭，去食堂途中，他忽然发现身穿的蓝上衣不知怎么变成了铅灰色。

"今天眼睛花得好厉害！"他一边走一边用手揉了揉眼睛。

进饭厅之前，他猛然想起一个调试数据，唯恐一会儿会忘掉，连忙掏出钢笔记在手心上。奇怪，他又隐隐感到钢笔也变得不大对劲儿，似乎骤然间变细了一圈儿。

"一定是刚才调机累的。"他把笔插进衣兜，自言自语地说。

王选刚一抬脚迈进食堂，一阵笑声迎面扑来。有位同学从餐桌旁起身迎过来："嗨！王选，你穿着谁的衣服呀！"

他低头仔细一看，自己也乐了。灰上衣至少短了一寸多，穿在身上短撅撅的，经同学一问才恍然大悟："呀！我只觉得颜色不对头，没想到穿错了衣裳。"

"对不起！对不起！"他连忙脱下上衣还给了对方。王选的马大哈从此出了名。

由于当年北大实验室的条件远不够完善，毕业班的师生虽然费了九牛二虎之力，也没能把"改进一号"机调试好。直到放暑假也没能调试成功。

王选又接着干了一个暑假，仍然没能成功。

这年9月，苏联列宁格勒大学校长来北大参观时，特地参观了"改进一号"计算机。他对北大师生的苦干精神表示钦佩，但对10月1日能否献礼表示怀疑。他直率地说："依我看，这台计算机至少也得在一年半之后才能投入使用。"

这位学者的断言，使王选他们很泄气。

后来，计算机果然没能试制成功，也没能实现向国庆献礼的愿望。因为作为主存储器的磁鼓，在工艺技术上过不了关，致使计算机无法投入实际运行，只能做些简单的演示。

"改进一号"计算机最终虽然没能调试成功，却使王选获得了一次难得的实践机会。由于张世龙老师的器重，使他亲身参与了从逻辑设计到最后调试的完整过程，大大提高了动手能力。他深信，汗水是不会白流的。

研制"红旗机"

★★★★★

1958年盛夏，王选以优异的成绩从北京大学毕业了。他留校在无线电系当助教。

五十年代末期，新技术革命已在世界范围内蓬勃兴起。在欧美各国，电子计算机已经由实验室转入工业化批量生产。

计算机在航天工业及科学计算方面大显神通。苏联率先在1957年借助电子计算机技术，把人类第一颗人造卫星送入太空，轰动全球。

正是在这种背景下，我国制定的十二年科技发展规划中，把发展电子计算机作为国家的四大紧急措施之一，并从中国科学院、各高等院校及工业和国防等四个部门抽调力量，筹建了中国科学院计算技术研究所。在科技界及高等院校掀起了建国以来的第一次研制电子计算机的热潮。在这股热潮中，有四家力量较强的单位。

中国科学院计算技术研究所设计了一台每秒6万次的大型电子计算机。

华东计算技术研究所也设计了一台大型电子计算机。

清华大学设计了一台每秒一万次的中型电子计算机。

实力雄厚的北京大学当然不能示弱，他们决定搞一台中型电子计算机——"红旗机"，设计水平达每秒一万次定点运算。这在当时已经相当先进，足已列入世界上最快的20台计算机之列了。当年英国的高水平计算机，也不过刚刚达到每秒一万次的定点运算水平。

北大的决心大，声势也大。"红旗机"的研制吸引了不少大专院校的注意。年方三十的张世龙老师担任营长。由他负责总体构思并制定主要的电路方案。

张世龙没有忘记他的得意门生王选。他挑选王选担任"营参谋"，成为设计"红旗机"硬件的主力之一。

北大数学系的一名年轻女助教——陈堃铼被调到营里参加软件工作，同时兼任营部秘书，安排"红旗机"人员的食宿等后勤工作。

陈堃铼是一位身材秀美、嗓音清脆的上海姑娘。她也是北大数学系毕业生，但比王选高一届。两人在毕业前曾一起出席过北大"三好学生"代表大会，彼此早就相识，相互的印象也不错。

说来也巧，这一对在共和国红旗下成长起来的年轻助教，在计算机以及随后的汉字激光照排事业上的终生合作，就是从北大研制电子计算机——"红旗机"开始的。

计算机是当代高新技术，当然不适宜搞轰轰烈烈人海战术。庞大的"红旗营"仅仅维持到1958年底就解体了。但"红旗机"并没有下马，由张世龙率领一批北大的年轻人继续研制、调试。张世龙只提出大的框架方案，至于确定指令系统、进行逻辑设计和画图等具体设计工作则由王选、杨天赐和吴大奇几个人负责。

应该说，"红旗机"的设计，在当时还是颇具特色的。设计人决定采用两个数位同时参加运算的方式，使乘法速度比常规速度加快一倍。在进行乘法运算时，把加和移位合并在一拍里进行。

王选独出心裁地把原来一位位串联进位的方法改成四位一组的成组进位方法，大大提高了运算速度。

他除了搞逻辑设计之外，还承担了部分电路设计、工程设计、画接线图、布版、制作插件等极其繁琐的工作。由于工作量过大，王选忙得连喘气儿的工夫都没有。为了节省时间，王选从1959年春天起，干脆把行李搬到了实验室，晚上睡在办公桌上，天亮之后把铺盖一卷，接着画图搞设计。一天三个单元，他从早上7点半一直干到晚上11点。晚上11点到12点是阅读外文资料、了解国外计算机动态的专用时间。

1959年夏天，初露锋芒的王选助教，经过近一年的艰苦奋战，终于胜利完成了"红旗机"的逻辑设计。

→ "懒汉屋"与"魔症"

☆ ☆ ☆ ☆ ☆

就在王选为"红旗机"取得初步成果而高兴的时候，听到了一个非常意外的消息：

在反右倾斗争中，张世龙和另外两名北大教师被指责为"以党内专家自居的右倾机会主义分子"。

张世龙受批判之后即下放农村劳动。他怀着抑郁的心情离开了北大。临行前，把调试"红旗机"的重任交给了王选。王选从老师那忧国忧民的目光中，深深地体会到肩上担子的分量。

他怀着爱国的激情和对专业的痴情，全力投入到艰苦的调试工作中去了。

从 1959 年秋天起，到 1960 年秋天，王选每天早上 6 点多钟起床，7 点钟进实验室，连续工作 15—16 个小时，回到宿舍，早已夜深人静了。而这样的作息时间对王选来说还算是清闲的。他有时得连续工作 20 个小时。最紧张的时候要通宵达旦地连续干 40 个小时! 没有周末，没有星期天，也没有任何节假日。

1959 年到 1960 年是调试最紧张的阶段。他常常在清晨 7 点走进实验室，一直干到第二天早上八九点钟才跌跌撞撞地走回宿舍，一屁股坐在床上，连脱衣服的力气都没有了，顺势往被服垛上一靠就睡着了，直到口水顺着嘴角滴到衣服上，人被冰凉的湿衣服激醒，这才有力气脱掉衣服接着睡。为了多睡一会儿觉，他有时连午饭都顾不得吃。

为了早日把"红旗机"调试成功，王选夜以继日地工作，在长达一年的日子里，他没有休息过一个白天，也没有歇过一个晚上。

他和几个伙伴把全部心血都放在了计算机上，顾不上身边琐事，一度引起了邻居们的误会和指责。

他当年住在北大的德斋宿舍楼。这里的每家住户都能自觉遵照值日表的排列，轮流打扫楼道的卫生。唯有王选他们住的那间屋子例外，这自然引起了公愤：

"王选他们真懒，连值日都不做！"

"应该在他门口挂个牌子——懒汉屋。"

"领导真该管管这号不讲公德的人！"

意见反映到系里，系领导怜爱地说："请大家原谅吧，王选他们为了调试'红旗机'，都快累死了……"

当邻居们知道了底细，怨气没了，对"懒汉屋"的议论和指责也消失得无影无踪。

关于"懒汉屋"的议论刚刚平息，实验室里又出现了一种奇怪的"魔症"。人们在调试计算机的时候，有时会在一瞬间进入梦乡，嘀里嘟噜地说出一串前言不搭后语的"独白"，引起同伴们的阵阵哄笑。王选也不止一次地出过这样的洋相。有一次甚至出到了校外。那是因为他调试计算机错过了午饭时间，只好跟朋友到饭馆去吃饭，就在等饺子出锅的时候，王选趴在桌上闪电般地进入了梦乡，招来了"魔症"，震耳的鼾声和奇特的独白，在饭馆里引起哄堂大笑。人们在大笑的同时，都从眼角流露出怜惜的目光。王选的伙伴们都清楚，这是他长期劳累过度、睡眠严重不足造成的病态。过度的辛劳，无疑已经损害了他的健康。

1960 年夏天，他出差到内蒙古大学时，趴在车厢的小茶几上睡了一大觉，这是王选在整整一年的时间里，睡的头一个好觉。

勇士被饥饿击垮

★★★★★

正当"红旗机"的研制工作进入最紧张的调试阶段，我国的国民经济和人民生活都陷入了建国以来最严重的困境。

1960年冬天，王选为了节省口粮，连馒头、米饭这样最基本的主食都从他的晚餐中消失了。王选的晚饭只有三碗稀粥，外加一小盘黄酱。这位科研勇士用这点东西填充肚皮之后，再钻进实验室干一个通宵。

漠视饥饿的王选很快就吃不消了。一向以吃饭斯文著称的计算机迷，居然能在5分钟之内喝下三碗滚烫的稀粥。

他对"红旗机"的热情丝毫未减，无奈稀粥不顶劲，心跳出汗、头晕目眩、腿脚发软等虚症都悄然找上门来，搅得他心绪不宁、力不从心。

这年11月，就在他每天晚上喝粥度日的时候，刚刚领到手的二十多斤粮票又被人偷走了！这真是雪上加霜！在万般无奈的情况下，他只好跟食堂借粮票，分期偿还。

王选本来口粮就不足，现在又得按月偿还意外的粮债，他不得不把每天的口粮标准降到8两。

饥饿和劳累终于把如醉如痴的计算机迷击垮了。王选得了严重的浮肿病。"红旗机"的调试工作也一度停顿下来。但最后还是达到了能成功运行的状态。

在艰苦的研制和调试过程中，王选显示出非凡的才华和可贵的拼搏精神。

"红旗机"是中型电子计算机，由十几个机箱组成。每个机箱都有大立柜那么大。如此复杂庞大的机件，只出现了三个小小的逻辑设计错误。这说明计算机的逻辑设计和系统设计是十分严密的。王选作为逻辑设计的主要负责人，他的贡献是不言而喻的。

　　在一些具体设计上，也显示出他的天才。例如在"红旗机"中，原有一个整形电路，进位时，传递速度比别的电路慢10倍。王选为此设计出成组进位的方法，巧妙地绕过整形电路，大大提高了运行速度。在逻辑设计中，他还为简化整体的设备做出过不少巧妙的设计。

　　他在主持"红旗机"的调试工作时，简直达到了"入魔"的程度。为了找到最理想的测试数据，以便在调试时能看到波形，他随身带着个小本子，在走路的时候、排队买饭的时候，他的大脑都不停地思考，一旦头脑中冒出了巧妙的想法，他就立刻从衣兜里掏出小本子及时记下来。

　　"红旗机"的每一道工序都牵动着他的心。星期日，别人都休息了，他还继续干，不是设计就是调试。除此之外，他还逐一检查成百上千的焊点。他对工艺水平要求很高，线路上的电线头稍微长了些，影响了外观都不行，更不要说焊接的质量了，差一丝一毫都不行！

　　王选的心比天高，对计算机的要求十分严格。可惜当年的北大实验室条件远达不到他的要求，尽管王选和其他科研人员共同奋战，费了九牛二虎之力，终于使"红旗机"成功投入运行，但仍有一些关键的部件，如磁芯存储器没能达到应有的工艺水平，最终没能投入实际生产使用，更没能跨进世界最先进的20台计算机行列，但是，王选却从此成为设计和调试电子计算机的行家里手。

　　如果说，1958年春天，毕业实习课上完成的北大"改进一号"计算机是王选参加的一次小规模实战演习的话，那么"红旗机"则是他以指挥员的身份参加的一场艰苦卓绝的攻坚战。

　　战果算不得辉煌，但它毕竟是一项实实在在的科技成果。

　　在研制计算机的过程中，王选的工作能力得到全面锻炼提高。他所指挥的攻坚战不仅充分显示了他的才华，同时也显示了他攀登科研高峰时的拼命三郎的品格。从此，王选被系里公认为事业心最强、最有才华、工作上最玩命的青年。

　　"没有王选就没有'红旗机'。"人们的这一评价很快传到了正在农村劳动锻炼的张世龙的耳中。他脸上露出了欣慰的笑容。

死神的召唤

王选长期"虐待"自己的身体,终于遭到了报复。在国家三年困难时期,得浮肿病的人并不罕见。但是,别人的浮肿很快就消退了,唯独王选,全身浮肿,数月不消。1961年开春之后他稍见好转,就承担了系里刚刚分配下来的"计算机原理"课。

王选的处世哲学很简单:"要么不干,要干就一鸣惊人!"他教课也是这个原则。为了把课讲得充实生动,他仔细参看了一百多篇国外文献,写出了高水平的讲义。

大量阅读国外文献不但提高了讲义的学术水平,而且大大开阔了他的视野。一篇篇文献就像一扇扇窗口,使他能从不同的角度,清晰地看到计算机科学的全球动态。从此,阅读国外文献不仅成为他备课的常规,而且成了他每天生活中不可缺少的内容。

有一次,他和同事们一起到校园附近的长征食堂就餐,正赶上那里卖田鸡炒面。每人都慷慨地买了半斤,饱饱地吃了一顿美餐。有人风趣地说:"咱们回去应该睡一大觉,把营养全部吸收掉,要不太可惜了!"

"不错,这是个合理化建议!"王选赞同地说。

但是,他一走进宿舍,又不由自主地钻进文献堆里,把田鸡炒面里所含有的"超标"营养全都消耗在阅读文献上了。他忘了自己是一个尚未痊愈的病人。

王选忘掉了疾病,疾病却不肯放过他。

1961 年夏天，一场来势凶猛的重病，再次把他击倒！

低烧不退，胸闷憋气，连呼吸都感到困难。到医院透视，发现肺部有浓重的阴影。王选到底得了什么病？大夫们面面相觑，谁也不敢确诊，只能临床观察。

王选的病情继续恶化，血压升高，尿中带血，白细胞已经下降到 3000 以下！

大夫们开出了一张张紧急处方。但任何药物都没有效果。谁也闹不清他的病因，大夫们观察了几天之后还是无法确诊！

北医三院最先做出初步诊断：红斑狼疮。

光听病名就能吓人一跳，大夫还提出了一些令人胆寒的禁忌。

"从今天起，你不能随便到室外接触阳光。"大夫叮嘱病人。

"阴天时可以出屋吧？"王选抱着一线希望，试探着问。

"不行。阴天也得戴宽檐帽子才能出屋。"

啊，身体竟虚弱到这般地步，连一丝阳光都不能见了！

王选为此着实郁闷了好几天。

一个受过高等教育的青年，还没有实现自己的抱负，没有为祖国做出应有的贡献，就长期龟缩在室内挨过漫长的一生？或者听凭死神的召唤，匆匆了结短暂的人生？

不，决不能对命运屈服！更不能向死神投降！但是，此时此刻的王选，既没有扭转命运的八卦仙符，也没有降服病魔的神丹妙药。他只能调动自己的青春活力，向病魔挑战。

他又转了几家医院，医生都没能在他的血液中找到狼疮细胞，无法确诊。但是，王选的病情仍在继续恶化，体力日渐衰竭。宿舍离食堂不过三四分钟的路程，王选都走不动，每天都由同事替他打饭。

半年后，北京阜外医院诊断出结果：王选患的是"结节性动脉周围炎"。病名虽不像红斑狼疮那么可怕，但也属于十分罕见的凶险病症，很难治疗。

由于久治不愈，王选只得回家乡治病。

1962 年 6 月，他离开阜外医院，由同事和朋友们把他护送到列车上。送行者的脸上都挂着淡淡的微笑，但目光中都不由自主地流露出心中的忧伤。

王选感到胸口发沉，像是压着一块大石头，呼吸都感到困难。但他为冲淡送行的悲凉气氛，就吃力地说了一句玩笑话："同志们，永别啦！"

"别胡说，王选！"

送行的人嘴里埋怨着他，但他们的眼睛却都湿润了。大家的心里都很清楚：死神就在王选身边游荡，他正贪婪地窥视着这条蔑视死神的年轻生命。

朋友们的诊断比医生简单多了：

"王选是被'红旗机'累垮的！"

一位同事惋惜地说："王选是在向科技高峰奋勇冲锋的时候中弹的。等到他发现的时候，已经太晚了……"

也有人认为王选是因为漠视饥饿被击垮的。

当时，不少人真的是怀着永别的沉痛心情，跟王选挥手告别的。

⊖→ 赶走了病魔

★★★★★

王选在一位同事的照料下，终于回到了家乡——上海。当母亲在车站见到瘦骨嶙峋、呼吸困难的儿子时，这位性格坚强、心胸豁达的老人也禁不住伤心落泪了："王选……你怎么病成这个样子？"

这几年，王选的母亲也是祸不单行。她的老伴一生奉公守法，为人清白。偏偏在大鸣大放期间多说了几句话，被扣上了"右派"的帽子。

王选是母亲最疼爱的小儿子。他在1958年留校当助教，曾使老人感到无比的自豪和由衷的喜悦，她怎么也没想到儿子会病得这么重！她把王选接回家，默默地承担起儿子的看病、熬药和一日三餐的营养调配工作。

王选身为助教，每月只能拿到37元的劳保工资。幸好大哥每月支援一些生活费，减轻了他内疚的心情，勉强安下心来养病。他心里很清楚，医生们的凶险预言并非耸人听闻。但王选仍执意要向病魔挑战！

对于胸怀大志的人，卧床养病简直是一种痛苦的煎熬。要是能在家里找到一种娱乐活动，使自己忘掉病痛才好。几经巡视，王选发现家里还存了不少京剧唱片，于是把童年时代养成的京剧爱好捡了起来。他一边欣赏京剧唱片，一边研究京剧史。几个月之后，他能从清朝同治年间起，一直说到解放前后。他能如数家珍似的道出这一时期的著名京剧演员、唱腔流派及各派绝招儿。王选在美妙的艺术享受中使疲劳过度的大脑和神经系统都得到了休息。

母亲用毕生积累下来的生活经验来精心护理儿子。取药、熬药都由老太太亲手操持，她同时还担当了儿子的营养师和厨师。在王选跟死神顽强搏斗时，母亲成了他坚强的后盾。

王选也十分重视医院的正规治疗。麻烦的是，他的病历都在北京。他决定自己写。他把自己的病史及几家医院的诊断和化验结果都汇总起来，整理出一份完整的病历。

大夫见到他自己整理的病历，十分惊讶："你是在医院工作吧？"

"不，我是搞计算机的。"

"简练、严密，像受过专门训练的人。"

遗憾的是，上海医生对王选的病也苦无良方。他的病情依然没有转机。

张世龙老师途经上海回京的时候，噙着眼泪告诉北大同仁："王选吃一顿饭得休息两次，身体非常虚弱……看样子，希望不大了。"

在上海，王选却满怀信心地和病魔搏斗。他认为，生命的潜力是电子计算机也计算不出来的。他找到了一位老中医，与西医相配合，双管齐下，终于见到了效果。

1963年春天，王选的病情开始出现转机。到了夏天，他居然能起身离开病榻，缓步在地上走动了。

面对王选的坚强意志，病魔终于无可奈何地悄然离去。

动荡年代见深情

→ 通过"软件"去研究硬件

★★★★★

　　王选刚一离开病榻，强烈的科研欲望马上占据了他的心头。其实，一年来，他的大脑何曾真正休息过？他早在离开病床之前就已经确定了学术上的主攻方向。

　　一、研究新计算机的体系结构。

　　二、高级语言编译系统。

　　前者是硬件系统，后者为软件系统。当时在西方还没有流行"软件"一词。直到1964年才出现了SOFTWARE(软件)一词。

　　他想通过深入研究计算机高级语言编译系统，进而提出新的计算机体系结构。换句话说，他想通过研究软件来研究硬件结构，搞清楚软件对硬件的影响。

　　当时，人们的习惯看法是：软件，应该由学软件的人去研究。研究硬件，应该由学硬件的人去搞。通过软件去研究硬件，或通过硬件去研究软件的想法，在六十年代初还是一种颇为大胆的新鲜想法。正是这种带有创新色彩的想法，使他产生了上述计划，确定了自己的两个主攻方向。

　　现在看来，这是他一生中的一次重要抉择。这一正确的选择，为他日后的成功打下了坚实的基础。

　　当然，通过软件来研究硬件的想法并不是凭空产生的，更不是一时心血来潮。这至少要追溯到1961年春天。

　　那时，王选的浮肿病刚刚开始好转，就接了"计算机原理"课。备课时，他阅读了大量国外文献。每读到一篇好的设计思想，他都非常兴奋。有一次，他读到一则不足半页的报道，上面十分简单地介绍了英国曼彻斯特大学的阿特拉斯（Atlas）计算机上新发明的虚拟存储器，当时称一级存储器。

王选不禁拍案叫绝："真妙！太灵巧了！"

他兴奋得彻夜未眠。赞叹之余，他又反躬自问："为什么我总是一次次地赞赏别人的发明，而自己却想不出来呢？"

从1961年到1963年，他不知反问过自己多少次，即使躺在病床上也没停止过。

后来，王选终于悟出一个道理：自己没有找到创造的源泉！

从此，他对国外同行们的每一项发明创造、每一个新思想都进行仔细分析，看看这些新发明都出于何种背景，是怎样产生的新思想。分析几例之后，他发现了一个真理：如果不掌握软件（当时主要指程序设计），不从使用的角度去研究计算机，不要说提出新思想新概念了，就是看到别人提出的新思想也理解不了。

王选由此得出结论，要想搞创新，必须真正掌握软、硬两套功夫！

向软件进军！搞硬件的王选下定决心自学软件理论。

他读的第一本软件专业课本是苏联叶尔晓夫写的科学著作，内容是写计算机程序自动化问题。

叶尔晓夫是原苏联科学院院士，著名的计算机软件权威。

王选结合自己的亲身实践，仔细阅读之后才恍然大悟：自己虽然搞了三年计算机，但对计算机的理解并不透彻。只有懂得软件的人才能真正懂得计算机的概念，也才能用软件的方法创造出新的思想来。

王选的这一想法，在当今已不算新鲜了。但是，在1961年，国内具有这一观点的人还是很罕见的。他认识到这点之后，立即在已经写好的"计算机原理"讲义中加进一段自编的高级软件概念。

如今，别看王选身患重病，但他搞事业的胃口可比1961年大多了！他不再满足于编写简单的讲义或是仅仅参加一个软件项目的研制工作了。他现在想干的，是要深入到软件领域中去，亲手主持一个大的软件项目——计算机高级语言编译系统，推动中国计算机事业的发展。

什么叫编译系统？凡接触过计算机的人都知道，机器语言是计算机能直接接受和执行的语言。它是用二进制码"0"和"1"组合而成的。难编、难记、难读、难改。后来的符号语言则用符号代替了二进制码，但仍具有机器语言的缺点。

高级语言则比较接近人们的自然语言和数学语言。它与机器语言相比较，就直观多了。而且易写、易读、通用性强。但是，计算机不能直接识别高级语言，必须把高级语言翻译成机器语言才行。这种翻译高级语言的程序，就称为"编译"程序。

六十年代初，编译系统还是一个令人望而生畏的领域。由于它的难度大，工作繁重，敢于问津者寥寥无几。当时国内研究高级语言编译系统的只有三家。

一是南京大学的徐家福（我国著名的软件专家），他与上海华东计算所合作搞研究，是国内起步最早的一家。他们在 1965 年研制成第一个实验系统。

二是中国科学院计算所董韫美领导的二十余人的软件组。这是国内实力最强的一家。他们的研制工作做得也最为深入。1966 年搞出第一个实用的高级语言编译系统。

第三家就是北大王选了。他起步最晚，但在中国硬件科技人员中，他却是第一个投身大型软件项目研制的人。这种大胆跨专业的行动，对他日后的成功起了十分重要的作用。研制工作开始之后，许卓群、陈堃銶等人都成了这一项目的主力。

为了研究高级语言编译系统，王选必须坚持不断地阅读大量国外的文献资料。为此，他还给自己制定了一个提高英语水平的自学计划。王选在中学时代就打下了良好的外语基础，上北大之后又有了很大提高。进入六十年代后，他阅读英文资料时已经能离开字典了。在计算机专业里，他的外语水平被公认为第一把交椅。王选并不满足这一状况，他要进一步提高，达到四会——会读、会写、会听、会说。

对王选自学外语的"四会"目标，很多人不理解。在当年，他父亲被错划成右派，他本人根本没有出国深造的机会，会读会写就行了，何必花费精力去提高听力和会话能力呢?

王选自有打算。他提高听力是为了提高对英语的反应能力。在他看来，读英文得像读中文那样，一目十行，那才算真正掌握了英语。只有达到这个水平，才能提高阅读速度，在极短的时间里就读完大量外文资料。才能以最少的时间投入，获取最大的信息效益。

他开始是听北京电台的对外广播,不过瘾,又听"美国之音"。但是,"美国之音"在当时是被划入"敌台"的,干扰太大。于是,他就每天下午5点15分—5点半之间收听英国BBC广播公司的英语广播。

王选收听外语广播的事情很快传到系党总支副书记陈良焜的耳朵里。他很了解王选,没有干预。他平静地说:"王选听外语广播是为了提高学术水平,无可非议。"

王选计划定下来之后,就开始按照自我设计的方案顽强奋斗了。

➜ 鸿雁密码

★★★★★

为了完成计算机高级语言编译系统的研究计划,王选八方托人收集有关资料。但是,由于计算机高级语言在国外也才刚刚研制成功,资料既缺又少,很难弄到手。

就在他为收集有关资料而焦虑万分、束手无策的时候,北京大学有位年轻的女教师从千里之外,托人给王选带去了一本珍贵的英文资料——"ALGOL60"修改报告。这是国外新研制出来的一种计算机高级语言,国内没有几个人能读懂它。王选随手翻了翻,简直像看天书一般。但是,当他得知寄书人就是数学系女助教陈堃铢时,一股柔情情然涌入心怀。他马上意识到这不仅是一份珍贵的学术资料,而且是二十世纪六十年代的"鸿雁密码"。他在一霎间就破译出姑娘寄托在"密码"上的一片深情,沉浸在幸福的回忆之中。

他们之间还有一段有趣的师生情谊呢！陈堃銶比王选高一班，也是学计算数学的。1957年毕业后留校在北大数学系当助教，第一个教学任务就是辅导王选他们班的计算方法和程序设计课。她的衣着很朴素，但总是那么整洁合体。她是江南人，体态娇小，跟学生们站在一起，宛如小妹妹一般。同学们都亲切地称她"小先生"。爱开玩笑的学生干脆叫她"小不点儿"。她只报之一笑，从不端老师的架子，跟同学关系很融洽。

1962年6月，王选回上海养病，陈堃銶回家探亲时还特地到王选家去探望，给病魔缠身的他，带来不少安慰。在闲谈中，他才得知姑娘也有着坎坷的经历。

陈堃銶上小学三年级的时候，母亲就因病去世了。父亲当时在铁路局的电台当台长，长年在外面奔波，只得把她放在亲友家，过着寄人篱下的生活。1950年镇反运动中，有人怀疑她父亲是国民党区分部委员，被电台开除公职。他被迫回到黄浦江南岸的奉贤县劳动，经济状况急剧恶化，生活相当困难。

坎坷的经历，艰苦的生活，锻炼出陈堃銶坚韧不拔的顽强性格。她头脑聪明，刻苦好学，很喜欢数学，从上中学起，她的数学成绩一直名列前茅。高中毕业后，一举考入北大数学系，是位聪颖过人的姑娘。对了，她还天生一副好嗓子，喜欢唱歌，讲起话来，嗓音总是那么清脆悦耳……

王选回忆了这段往事之后，目光又落到了手中的资料上。

ALGOL是国外新近才研制出来的计算机高级语言。ALGOL60修改报告，是参加计算机国际会议的ALGOL小组为专家们写的，每句话都十分严格。对搞编译系统的人来说，是一份十分难得的珍贵资料。陈堃銶不知费了多少周折才从计算所搞到了这一份……

王选在顷刻之间就坠入了情网。他走到桌前，小心翼翼地把ALGOL60修改报告收好，又拿出纸笔，闭目沉思了片刻，好让激动的心情稍稍平静一些。同时也理一理头脑中突然涌现出来的万千思绪。不过这次没有成功。这位研究计算机高级语言的电脑专家，却怎么也编排不好表达美好激情的文字程序。几经挫折，他索性放弃了打腹稿的企图。

王选摊开信纸，听凭感情的奔腾，写下了有生以来的第一封情书。

信件发走之后，他又有些后悔了。他想：我的身体还没有复原呢！现在要求建立恋爱关系未免太冒失了……姑娘接到我的信之后该多为难……

绿色信使很快带回了佳音。陈堃铫同意进一步发展他们之间的友情，而且决定亲自参加王选的 ALGOL60 编译系统的工作！

王选读完来信，激动万分，心情久久未能平静……

→ 最新编译系统

★★★★★

真正的爱情是催人奋进的。

王选接到陈堃铫的回信之后，立即着手 ALGOL60 编译系统的研制工作。

研制计算机高级语言编译系统，谈何容易！要知道，想学会和使用一种高级语言并不是很困难的事，但要从事编译工作，那就是另一码事了。研究人员对该语言的语义、语法以及语言中的每一个细节都必须弄得一清二楚，不得有丝毫含糊的地方。

ALGOL60 在当时被认为是相当复杂的高级语言。两三年之后才出现了介绍这一语言的通俗文章。由此可知王选当时阅读这一语言时，该是何等困难了。

王选以惊人的毅力，逐字逐句地弄通了每一个细节。艰苦的学习，消耗了大量精力，但这也大大提高了王选的自学能力和在软件方面的理论修养。

攻克 ALGOL60 高级语言系统之后，他就马不停蹄地开始了编译系统的研究。他把每天的时间做了精心安排。把绝大部分时间用在研究高级语言编译系统上，研究计算机体系结构的时间只有 10% 左右。除此之外，他还坚持每天收听英语广播，读、写、听、说的能力得到全面提高。

从 1964 年起，他开始进行 ALGOL60 编译系统的设计。家里的桌面上堆满了草稿纸。他完成了初步设计方案后，就把它寄给北京的许卓群和陈堃铼，再由这两位老师带领几名毕业班的学生进行深入研究。

这年夏天，ALGOL60 编译系统被正式列入北大科研计划之中。当陈堃铼把这一喜讯写信告诉王选之后，王选在家待不住了。他怀着喜悦和兴奋的心情，辞别了父母，回到了北京大学。

参加 ALGOL60 编译系统工作的已有七人。除王选、许卓群、陈堃铼和朱万森外，还有三名协作单位的科研人员。但是，由于编译系统是一项难度很大的软件项目，工作仍然十分紧张。

王选的体力很快就支持不住了。很多工作都是他躺在床上完成的。

王选和陈堃铼简直是天生的一对科研搭档。王选是开创性人才。他善于选择科研方向，确定战略总体方案。他还善于把总体方案变成严密具体的科研方案。而陈堃铼擅长软件方面的总体设计。只要王选的初步方案一出台，她就能非常麻利地编好程序，制定出很好的调试方案。她编制出来的程序，精确可靠，很少发生错误。陈堃铼自始至终都是王选最得力的科研助手。

由于"文革"的干扰，ALGOL60 编译系统推迟到 1967 年才完成。但仍不失为国内较早的语言编译系统。拿它和国内其他高级语言编译系统相比，它具有很多优点，如：没有加什么限制、调试措施比较完整、用户使用方便等等。

ALGOL60 编译系统是王选负责总体设计的大型软件项目。虽然它受"文革"的冲击，没能达到尽善尽美、一鸣惊人的初衷，但它毕竟是一项颇有特色的科研成果。为在我国推广计算机高级语言方面，发挥了积极的作用，被列入中国计算机工业发展史大事记中。

→ 在劫难逃

就在王选研究成功了新的高级语言编译系统，豪情满怀地准备在计算机专业大显身手的时候，史无前例的"文化大革命"开始了。

铺天盖地的大字报贴满了北大校园。王选所熟悉和尊敬的老师及校、系领导，转眼间都成了牛鬼蛇神，被打倒在地。他们的罪名之一竟是重用出身黑五类的修正主义苗子王选！

还有一条罪名是包庇王选收听敌台广播！

王选第一次经历这样的阵势。他看到自己的名字反复出现在大字报中，并且忽正忽倒地满校园翻滚，吓得他心惊肉跳，困惑不解。幸亏他平时人缘还不错，虽然身居受宠的"红人"地位，但毕竟不是当权派。大字报轰过之后，也没把他关进牛棚，但是，巨大的精神冲击也足以把人折腾个半死。

一次，他和北大教职员工一起下乡劳动，刚走到半路就病倒了。到医院一查，低烧，肺部又出现了阴影，跟1961年的病症一样，只能卧床休息。

此时，大串联已经开始。每天有十来万人来北大串联。连走廊里都住满了红卫兵。高音喇叭日夜吼叫，学校一片混乱。不要说病人了，就连正常人都难以忍受。不得已，王选只好搬到远郊昌平县的十三陵分校，住在四楼的一间宿舍里。

分校的环境比本校好多了，但王选重病在身，连下楼买饭的力气都没有。幸亏食堂有位姓温的大师傅，他心地善良，有副热心肠。他根本不理睬当时的极"左"论调，每天坚持爬楼给王选这位"老九"送饭菜。王选一直深深怀念着这位令人尊敬的炊事员。

王选躺在病床上，忧心忡忡。他担心着祖国的前途，惦念着师长和亲友们的命运，惋惜着白白逝去的大好时光……

星期天是他最盼望的日子。陈堃铼每个周末都背着罐头和点心，不辞辛苦地到十三陵探望他。

她一进门就忙不迭地询问王选的病情，收拾房间，清理一周来的脏衣服，通报校内"老九"们的命运，悄声交流着对时局的忧虑。

陈堃铼每次到来，都给王选带来莫大的安慰。在那云海震怒、地覆天翻的动乱年代，十三陵病室成了他俩自由谈心的世外桃源。在那孤独难熬的岁月，屈指可数的几个星期天给王选留下了终生难忘的美好印象。

但是，王选毕竟是重病号，由于得不到必要的医疗护理，他的病情日益恶化。低烧不退，呼吸困难，生活自理能力每况愈下。继续住在昌平，无异于慢性自杀。

怎么办? 王选躺在病床上苦苦思索着。还像1962年那样，回上海养病? 他苦笑着摇了摇头。现在跟四年前的形势大不相同了。火车里挤满了红卫兵，每节车厢都像一个密密实实的沙丁鱼罐头。自己身患重病，也许还不到上海就一命归天了。况且父亲正在挨斗，家也被查抄，母亲处境已经十分悲惨，自己怎么忍心再给老母增加负担呢?

回北大? 也不行。昔日美丽幽静的校园，如今已变成派仗和武斗的战场，人人自危，一片混乱。自己是"狗崽子"外加无线电系第一号"修正主义"苗子，是"双料"货，谁敢担风险照料自己?

当然，陈堃铼绝不会坐视不理。但是，自己已经病成这个样子，后事难料，怎能牵连和耽误姑娘的终身幸福呢?

就在王选一筹莫展、焦虑万分的时候，陈堃铼却像天女下凡似的飘然而至:"王选，快回北大吧! 你不能在这里等死! "

王选叹了一口气说 :"已经病成这样，回北大也好不了……这回是在劫难逃了……"

话没说完，他的眼角已噙满了泪水。

"别这样想呀! "陈堃铼嗔怪地说，"回北大之后，由我来照顾你。"

"那怎么能行? "王选吃惊地睁大眼睛，"那会连累你的……"

"有什么不行的? 我们结婚! 这样，谁也说不着闲话了。"

"堇铼! ……"王选泪流满面，激动得再也说不出话来了。

→ 助教的婚礼

★★★★★

王选搬回北大之后，陈堇铼立即递交了要房申请书。她要跟王选结婚的消息像闪电般地在北大校园里传开，引起一片哗然：

"跟王选结婚？为什么找这样一个重病号？"

"他现在下不了地，走不了路，连说话都费劲，……终身大事，可得三思呀！"

亲友们的议论更直率："你嫁不出去了是怎么的？为什么非嫁王选？"

面对人们的非议，陈堇铼毫不动摇。她坚信纯真的爱情能使心上人再次战胜病魔，恢复健康。

新房终于到手。地点在北大红 6 楼第三层。那是一间 10 平方米左右的居室，是间北房，推开窗子还能见到未名湖的粼粼波光。这对黑五类的子女来说，真是破格恩赐了。

1967 年 2 月 1 日，这对患难中经受过严峻考验的恋人在这里举行了婚礼。

新房布置得十分简单，只是把两人的单人床和衣箱从单身宿舍搬出来合在一处就是了。那时正值"文化大革命"的非常时期，没有传统的礼仪，没有喧闹的酒宴，更没有潇洒浪漫的婚纱彩照。空荡荡的新房里也看不到什么贺礼，除了陈堃銶的姨妈和大妈寄来的一条床单、一对被面和一套衣料之外，他们没有接受任何人的贺礼。

当时盛行的手表、缝纫机、自行车三大件家具，他们一样也没有。只花一元钱买了一块洗衣服用的小搓板儿。

这两位年轻的助教，在"破四旧"和"横扫一切牛鬼蛇神"的肃杀气氛中悄无声息地结成恩爱夫妻。

面对如此冷清的婚礼，校园里有人伤感叹息，也有人在暗中窃笑。

但是，在北大校园里，当时谁也没有料到，这对寒酸的患难情侣，仅仅在几年之后，就在中国的首都引发一场震惊世界的汉字印刷术革命，并开创了中国印刷业无铅作业的新纪元。

婚后，王选的身体仍不见好转。白天，妻子在椅子的靠背上铺一床棉被，王选就倚在靠背上喘息。他的体力衰弱到极点，两手连开酱油瓶子的力气都没有。

红6楼也把他们坑苦了。原来，三楼里没有自来水和下水道，新娘每天都得下楼提清水，下楼倒污水。

买菜做饭、刷锅洗碗都由陈堃銶一人承担。学校的运动又紧，累得她上气不接下气。幸亏遇到两位好邻居，要不非累垮了不可。一位是居彩莲，经常在生活上关照他们。另一位是马秉锟，他是位年轻的运动员，膀大腰圆不说，还真有股子梁山好汉的侠义心肠。他不怕"黑五类"之说的牵连，三天两头跑来帮助这对病弱夫妻打水，分担点儿力气活。

王选的同学加同事——毛德行也是位热心人。王选每次去医院看病，都得由马秉锟和毛德行两人找来三轮车接送。

当时买中药也不容易。街上的商店门口都涂满红漆，写着标语。橱窗里千篇一律地陈列着"毛选"。从街面上走，简直分不出哪家是百货店，哪家是药店。马秉锟就骑车满街转，一边走一边嗅，闻到药味儿再下车找药房。

新婚第一年，王选夫妇的日子过得很苦。病魔的困扰和繁重的家务负担差点儿把他们拖垮。

不过，这一年也有一件令人高兴的事情。

1967年5月，ALGOL60编译系统的主要合作者、系统调试工作的主要承担者许卓群从贵州凯里回京告诉王选，ALGOL60编译系统已经调通。这证明系统的总体设计是完全正确的。王选兴奋得一夜都没睡着觉。

可惜，这个编译系统生不逢时。全国到处都在"横扫"、"批斗"、"打派仗"，有谁还能顾到计算机编译系统的命运？ALGOL60 编译系统在国内问世后并没能充分发挥作用。但它是王选第一次负责总体设计的大型软件系统。编译系统调试成功，表明王选在软件方面的总体设计能力已经能达到实用水平。更让王选自豪的是，他已经全面掌握了计算机的软、硬两套功夫。

⊕ 勒令书

★★★★★

1968 年初，王选在妻子的精心照料下，身体开始慢慢地好转。这时，首都高校的武斗风愈演愈烈。北大的大喇叭深更半夜就高声喊叫，令人心惊胆战，对病人构成严重的威胁。

陈堃銶在护理丈夫和家务劳动的双重压力下，体力愈来愈差，面临崩溃的边缘。

在这种万不得已的情况下，王选决定回上海。这时他的体力已经无法乘坐火车了，只好求马秉锟买了飞机票，于 1968 年 3 月飞回上海。

家乡的情况，比王选预料的还惨。他父亲的头上，除戴着原有的右派帽子之外，又多了一顶"现行反革命"的帽子，成了双料的"黑五类"，每天挂着"黑帮"的牌子在里弄劳动。

王选的家在遭到查抄后，楼下的居室又被迫让出去，居住面积缩小了一半多，一家六口居住得十分拥挤，根本没有工作条件。王选无奈，只能仰天长叹。

1969年元旦前夕，王选忽然接到工宣队寄来的勒令书。口气十分强硬，命令王选必须火速返回北京大学！

学校发生了什么事，连重病号都不放过？他连夜给妻子写了封信，询问详情。他哪里知道，陈堃铼这时已经进入"知情人学习班"。她接到王选的信，连忙去问工宣队是怎么回事。工宣队这位"连长"厉声喝道："让王选回来参加运动！如果不回来，革命群众坚决不答应！"

陈堃铼只得写信让王选立即回京，免遭"押解"之苦。她还把家从红6楼换到20楼，房子虽然不如原来的宽敞，但可以不必再为上下水发愁了。离学习班也近得多，王选可以少走几步路。

王选怀着沉重的心情在上海登上了北行的列车。他知道，学校有不少领导和朋友都被打成"反革命"，现正隔离审查，不知自己未来的命运如何。从目前的情况看，似乎凶多吉少，勒令书就是个不祥之兆。

人在倒霉的时候，事事都不顺心。列车本应在傍晚到达北京，因误点，深夜才到。北京站灯光如昼，站台上站满了身穿军服、表情严峻的军人，说是要搜查"黑材料"，逐个检查出站旅客的行李包裹。幸亏王选身上带着休假证明，才得以顺利通过关卡。他提着包裹，艰难地向出站口走去。

此时此刻，他的妻子正冒着刺骨的寒风，站在出站口，焦急地等待着他。陈堃铼早在黄昏前就来到了北京站，当她听说火车误点了，心中十分着急，她担心王选支持不住，发生意外。但是，北京站戒备森严，禁止群众进站接人，她只得迎着呼啸的寒风，坐在出站口等了好几个钟头，直到在出站口见到了王选，才算一块石头落了地。深更半夜，哪里去找公共汽车和电车？他们只好雇了一辆摩托三轮车回到北大。

北大的空气依然十分紧张。在王选回校之前，校内已经死了几十人。跳楼的、上吊的都有，阴风惨惨，令人心惊胆战。不过，王选踏进校门时，北大的自杀高潮已经过去，阴森恐怖的气氛已经淡薄了很多。

王选回校后的第二天就进了学习班，成天写检查、写交代、挨批判，不知何时才能了结。他每天发低烧，看不到好转的希望，心情十分苦闷。只有在每星期六下午回到家里见到妻子，互相倾吐心中的苦闷之后才觉得轻松些，他在学习班不管受到什么委屈，这时都能得到安慰。

"昨天让我交代偷听敌台广播的罪行……"

"怎么叫偷听？你听外语广播是工作的需要，领导和群众哪个不知道？"陈堃銶愤愤地为丈夫辩解。

"今天挨了批判，说我重业务，是修正主义苗子……"

"重业务有什么错？大家都不好好干，社会主义建设谁来搞？中国人还不饿死？"

夫妻间往往只用三言两语就能把一周里积聚的郁闷和冤屈一扫而空。每到星期六，他都怀着喜悦的心情往家里奔。但是，星期日傍晚一听到学校广播站的开始曲就满面愁云："唉，又要住监狱去了！"

他每次离家时，陈堃銶都夹着被子跟在后面，一直把他送到学习班，放好被子才转身回家。王选在回忆这段痛苦的经历时曾经说："多亏有了堃銶，我才坚持下来，一个人如果有真正信任你、理解你的妻子，那是不会轻易自杀的。"

无休止的检查交代固然让人厌烦，但更让王选心烦的是，眼看着大好时光从眼前白白流逝而无所作为。中国的计算机事业，起步已经比欧美迟了一大步，眼见"文革"动乱旷日持久，王选心焦如焚，而持续不退的低烧更进一步增加了他的烦恼。他几乎每天都企盼着眼前的动乱能尽快结束，使他能早日投入中国的计算机事业。

→ 匿名的发明创造

★★★★★

1969 年冬天，石油部要求北京大学协助研制一台每秒运算百万次的计算机，取名"150 机"，这个消息使王选为之一振。但他当时是上了"另册"的人，又患病在身，自然不会让他参加。

陈堃銶是搞软件的科技人员，又做过大型软件系统，被当做主力从乡下劳动地点调回本校，参加"150 机"的研制工作。

王选对这一安排很满意。他对陈堃銶说："咱俩有一个参加就行。"他兴冲冲地把几年的想法整理出来，让妻子毫无保留地全拿到研制小组去。

不料，两天后，陈堃銶被召到工宣队。队长明确地告诉她，领导已作出决定，不让她参加"150 机"的研制，立即到昌平分校参加体力劳动，接受再教育。

"你们为什么这样出尔反尔？"陈堃銶气愤地说。

队长没做任何解释。他举起手腕看了看表：

"现在是 7 点半，一小时之后你就坐车到昌平。有困难吗？"

啊，这么突然！王选的中午饭谁照管？陈堃銶的泪水在眼眶里直打转。她真想跟他们大声吵嚷几句，出出心中的怒火，但那又有什么用呢？她强压住怒火喊道："没困难！"

她转身走出工宣队的办公室，一口气跑回家，嘱托一位同事中午把王选的午饭打回来，便匆匆离去。

晚上，陈堃銶从昌平回来之后，在家里号啕大哭了一场。一名科研人员，竟没有权利干自己的专业，多么令人心酸!

"太让人寒心了!"她流着眼泪撕毁了自己的大学毕业证书。接着，她又把专业书都翻了出来，堆在地上准备卖掉。

王选望着泪流满面的妻子，一句话也说不出来。这件事对他也是一个沉重的打击。老岳丈不过是一般的历史问题，如果妻子因此就被剥夺了研制计算机的资格，那自己就更没指望了。因为他的老子是"老右"加"现行"，是双料黑五类。

王选变得更加沉默寡言了。但出于对祖国计算机事业的热爱和关注，他抑制住悲伤，埋头写了不少很有价值的技术材料交给"150机"研制组。当然，在当时的政治气氛下，他的赤胆忠心没有得到任何反应。

就在这对年轻的夫妇为报国无门而伤心的时候，他们的同事马秉锟来看望了他们。马秉锟的家庭出身好，一开始就参加了"150机"的研制。他从来不怕什么"黑五类"的牵连，也从不把研制组制定的种种禁令放在眼里。他知道王选夫妇是一对热爱祖国、热爱社会主义的知识分子，他们也很关注"150机"，就常常跑来聊天，把研制计算机的进展情况随时告诉他们。王选则在暗中为研制组排忧解难。

有一次，因国产磁带质量不过关，再加上磁带机的质量也不好，当时采用的纠错码只能纠正一行信息中出现的一位错，可靠性也不能满足要求。"150机"磁带想从逻辑设计上打主意，以纠正磁带一行信息中出现的两位错。他们查阅了很多资料，也做了一些探索，但始终没能找到这种能纠正双重错的纠错码，只得放弃了这个思路。

说者无意，听者有心。王选听马秉锟讲了上述情况之后，仅用了半个多月就设计出一种方案。只需附加8位有效信息，就能纠正16位中的错误。

他开始设计这个方案时，身体正在发烧，他带病从早画到晚，每天都累得精疲力尽。开头也不顺利，连续画了几个方案之后，忽然灵机一动，找到了规律：他把编码稍稍移动了一下位置，终于取得了成功。方案相当巧妙。面对如此完美的方案，王选自己都有点发毛了：这个方案竟能这般巧妙? 会不会是搞错了?

经过反复论证，方案绝对可靠! 他兴奋极了，这简直是一种奇迹。要知道，王选是躺在床上完成这一设计的。他当时不可能使用计算机，完全是靠手工从几百种不成功的编码中选出的这一巧妙异常的方案，其艰辛的程度是可想而知的。

王选当即把这个方案交给马秉锟。马是一位很有心计的人。他经过仔细的研究和论证，确信方案没有任何漏洞之后，他又结合"150机"的特点，把方案进一步具体化，这才把王选的方案交了上去。当然，他没敢说出这是王选的主意。他丝毫没有侵吞王选劳动成果的想法，他只是为了避免上面以"阶级斗争新动向"为名而把王选方案打入冷宫。

王选的方案很快就应用到"150机"的磁带上，而且一举成功，大大提高了计算机的可靠性。王选完成了一项前人不曾有过的发明创造。

双重纠错码是王选创造天才的一次偶然流露。尽管这一创造并没有给他带来任何精神上和物质上的实惠，但它却像一个神秘的精神阀门，宣泄了他胸中的积郁，诱发出生命肌体的活力。继这项发明之后，他的身体居然又一次出现了转机！

从1970年到1975年，他阅读了大量国外文献资料，详尽地研究了编译系统和操作系统对电子计算机体系的影响。他边研究边整理，先后写出十几万字的手稿，总题目叫"新型计算机总体设计"。有些内容被一些刊物拿走发表，受到同行们交口称赞。

宏伟的 "748工程"

→ 意外的机遇

★★★★★

第二次世界大战之后，第三次新技术革命浪潮以排山倒海之势席卷了全球。电子计算机的出现和推广，把人类社会迅速推向信息化时代。在这一历史进程中，古老的东方文化面临着严峻的考验。历史悠久的中国方块字也遇到了空前的挑战。

中国的汉字多达 60000 之多，常用的汉字也在 3000个以上。这真是文字的海洋！如何把这样庞大的文字大军快速输入电子计算机中去，成了举世闻名的大难题。中国的电子计算机专家们为此伤透了脑筋。要想在中国推广使用电脑，必须妥善解决汉字的信息处理技术。

王选和陈堃銶早在 1972 年就对汉字输入电脑的方法产生了浓厚的兴趣。有好几个月，他们像着了魔似的伏在写字台上统计和分析汉字的偏旁结构及字根的规律。王选还画出了无数的表格进行统计，试图用几十个键盘把成千上万的方块字输入电子计算机。他还认真地写出一篇《用小键盘输入汉字的方法》。

就在他准备深入研究汉字输入方案的时候，一项更加宏伟动人的科研事业把王选的注意力一股脑儿吸引过去，使他的人生道路发生了重大的转折。

1975 年春天，北大想用去年新研制出来的一台电脑，把学校的管理工作抓起来，就组织了一大批人分头到学校的印刷厂、物资部门及财务部门进行调查。陈堃銶当时正患美尼尔综合征在家休病假，但她还是带病参加了这项工作。当陈堃銶跑到印刷厂进行调查时，意外地了解到国家有一个关于汉字信息处理技术的重点科研项目，代号为"748工程"。

1974年，国家四机部（现为电子工业部）、一机部（机械工业部）、中科院、新华社和国家出版事业管理局（现为新闻出版署）五个单位，联名向国务院和国家计委打报告：为解决汉字进入和输出计算机的难题，要求将研制汉字信息处理系统工程作为国家重点科研项目。报告得到周恩来总理的关注和国家计委的大力支持。1974年8月，国家计委将这个项目命名为"748工程"，并将它列为国家重点科研项目，由电子工业部计算机局局长郭平欣主持这项工作，成立了"748工程"办公室。

王选得知这个消息，当时就拍掌叫好："应该给发起'748工程'的人记一大功！"

"748工程"包括三个子项目——汉字精密照排系统、汉字情报检索系统和汉字通讯系统。王选最感兴趣的是其中的汉字精密照排系统。他当时就意识到这个项目的重大科研价值：这是专门用于书刊和报纸编辑排版工作的专用系统。如能研制成功，就可以运用现代科技，对我国传统的印刷行业进行彻底的改造。出版印刷行业一旦通过电脑实现了"无纸编辑和照相排版"，我国的报纸及书刊的排印速度将大幅度提高。它对推动我国进入信息化时代、加速中华民族的文明发展进程，都将起到难以估量的作用！远景确实很宏伟壮丽，但王选知道它是一项难度极大的高科技项目，也是中国急需上马的项目！"祖国急需"这四个字像一块强大的磁石，把王选牢牢地吸引住了。

尽管王选对"748工程"产生了浓厚的兴趣，但他可不打没准备的仗。在科研项目最后选定之前，他做了一番相当详细的调查研究。

要研究汉字精密照排系统，首先得研制照排机。世界上第一台手动式照排机是1946年在美国问世的。至今，世界照排技术已经发展到第四代。

第一代：手动式照排机。

第二代：光机式照排机。

第三代：阴极射线管照排机。

第四代：激光照排机。字模是以数字化点阵的形式存储在计算机中的。输出时用受控制的激光束在底片上直接扫描打点。（英国蒙纳公司于1976年才研制成功）

由此可知，西方的照排技术从第一代机发展到第四代机，经过了漫长的三十年之久，别忘了，西方使用的是拼音文字，充其量不过一百多个字符。而汉字量却数以万计，难度之大是不言而喻的。

另外，汉字照排技术在国内也面临着激烈的竞争。当时是1975年，国内已有五家在研制精密照排系统。而且这五家都具有雄厚的实力。

面对强有力的竞争对手，王选进行了冷静的思考。他知道，在选择和确定科研项目时，如果发生失误，那不仅会浪费大量的人力和物力，而且会白白耗费掉宝贵的青春年华，悔之莫及！

王选对五家研制单位所采用的技术途径进行了全面的科学分析。

第一家是由上海印刷技术研究所、华东计算所（即电子工业部32所）、上海硅酸盐研究所等十几个单位组成的公关班底。是全国实力最雄厚、摊子最大的一家。

第二家是上海中华印刷厂和复旦大学共同研制的圆筒式二代机。

第三家是北京新华印刷厂、清华大学计算机系、精密仪器系和中国科学院长春光学精密机械研究所联合研制的平板式二代机。

第四家是中国科学院自动化研究所自1972年开始搞的全电子式第三代西文照排机。字形储存采用飞点扫描的方式。

第五家是云南大学与云南出版局共同研制的三代机。

在王选看来，方案的创造性、先进性和可行性是竞争能否获胜的关键。而国内研制照排机的五家，恰恰在这三个方面都存在着严重的缺陷。因此，王选断定这五家在研制照排系统的竞争中全都没有取胜的希望。

能否改变这五家的技术方案呢？绝对不可能！因为当时王选只不过是一个名不见经传的年轻助教。不论在学术上还是技术上，他都处于人微言轻的地位。他的意见不会引起任何一家的重视。

但是，在汉字印刷术现代化的过程中，世界留给中华民族的机遇已经不多了。如果等到各家都在实践中碰壁之后再重新打鼓另开张，那就太晚了，中国人研制汉字激光照排系统的最后机遇可能早已不复存在！

机不可失，时不再来。王选断然加入到汉字精密照排系统的竞争行列。他决不能让宝贵的机遇从自己身边溜走！

瞄准最先进的"第四代"机!

★★★★★

　　王选不但要参加竞争,而且要一鸣惊人!他不想走别人已经走过的老路。在他看来,国外的照排系统都适应不了数量惊人的汉字体系。退一步讲,当前第三代西文照排机正在全球大力推广,第四代西文照排机也正在一些技术先进的国家加紧研制的形势下,中国即使费了九牛二虎之力,研制出二代机和三代机,也没有多大价值,只能跟在洋人后面爬行!日后差距仍会继续扩大。

　　于是,王选的目光迅速掠过第一代、第二代和第三代照排机,直接瞄准了国外正在研制的、世界最先进的第四代机——激光照排机!

　　此时此刻,历史刚刚迈进 1975 年。世界上最早开始研制激光照排机的英国蒙纳(Monotype)公司也不过刚刚进入试制阶段,尚未形成商品。日本虽然搞出了第三代汉字照排机,但功能很不完善,仅能勉强应付日文中的少量汉字。

　　王选要研制汉字激光照排系统,在一些人眼中简直是白日做梦!在当时,持这种观点的人并非少数,而且也不应该给他们扣上"保守"的帽子。历史留下的空白确实太大了。1048 年左右,宋代毕昇发明活字版印刷术,确曾揭开了世界印刷史上极其光辉的一页。但是,就在中国人为祖先的四大发明高唱赞歌、陶醉不止的时候,中国的印刷技术早已被世界远远抛在了后面。从二十世纪四十年代起，世界印刷术融合当代机械、电子、光学等先进技术成果，把照排技术发展到了第四代。这种照排技术与计算机相连，组成编辑排版系统，从而一举取代了铅字，实现了书报自动排版，大大提高了劳动生产率。而激光照排机直接制版的前景更加诱人：让激光束直接打在感光板材上，经自动处理后即可直接胶印。底片的显影、定影及制版等一系列工序都可以免除，今后，劳动生产率还将进一步提高。

可悲的是，在中国——毕昇的故乡，却仍在按照1488年德国古登堡的办法：以火熔铅，以铅铸字，以铅排版，以版印刷。一句话，我国的印刷术仍然停留在中世纪那种原始、落后的"铅与火"的时代！

如果王选能研制成功汉字激光照排系统，实现汉字书报编辑排版自动化，那就等于他继毕昇之后，在中国完成了一次神奇的汉字印刷术革命！使中华民族在印刷术上一步就越过外国人四十年才走完的现代化历程！

但是，病魔缠身的王选，能迈出这样巨大的步伐吗？北京大学的未名湖畔，真的将升起一颗震惊中外的科技明星吗？

当时，除了他的妻子陈堃铼，大概没有一个人相信王选能实现他那神话般的梦想。

王选不理会周围担忧的、怀疑的以及嘲笑的目光。为了中华民族的未来，他以久病虚弱的血肉之躯，踏上了一条漫长、艰险的路程。他立志要为祖国印刷术的第二次腾飞而献身！

历史悠久的汉字，凝聚着中华民族惊人的智慧和迷人的风采。它在创造和推动东方文明的历史进程中，立下过不朽的功勋。但是，当中华民族向现代文明迅猛推进的时候，汉字却遇到了严峻的挑战！浩浩荡荡的汉字大军被阻塞在电子计算机前翻腾躁动，寸步难行，不由发出撼人心弦的怒吼！

国内外都有不少人把古老的汉字看成中国推进现代文明的巨大障碍和沉重的负担。有人甚至哀叹：不废除汉字，中国就不能进入现代化文明！

横在王选面前的第一道难关就是汉字字模的贮存量问题。这也是国内外研制汉字照排系统的最大技术难关。

汉字的常用字在3000字以上。印刷用的字体、字号又多，每种字体起码需要7000多字。每个汉字从特大号到七号，共有16种字号。考虑不同字体和不同字号在内，印刷用的汉字字头数高达100万字以上。汉字点阵对应的存储量将达200亿位!

好吓人的天文数字! 如果王选不能解决汉字字模的存储问题，研制汉字精密照排系统的豪言壮语只不过是一句空话而已。

面对这一拦路虎，王选也不由锁紧了眉头。他像着了魔似的天天对着报刊杂志琢磨对策，整夜整夜地睡不着觉，反复研究汉字字形的特点和规律。

功夫不负有心人。经过日夜观察分析，王选终于初步整理出汉字的笔锋特点。

汉字的基本笔画是很有规律的。如横、竖、折等，是由基本直线和起笔、收笔及转折等笔锋组成的。

有些笔画，如撇、捺、点等，虽然不规则，但都有一定的曲线变化，其中仍有规律可循。从理论上讲，完全可以研究出一套高倍率的汉字字形信息压缩方案。

说干就干，1975年5月底，王选写出了《全电子照排系统》的手稿，由陈堃銶拿到数学系，引起很大反响。系领导当即把手稿送到北大印刷厂打印出来送给校领导。当时的校革委会军代表被王选的方案深深打动，他立即召集有关单位开会研究。北大数学系、无线电系、校图书馆和印刷厂都派人参加了会议。陈堃銶代表王选在会上介绍了方案内容。会议作出两项重要决定：一是把汉字精密照排系统列为北大自选科研项目，确立了"数字存储、信息压缩、小键盘输入的总体方案"，力争列入国家"748工程"计划；二是学校成立会战组，协作攻关。出乎王选夫妇的预料，"全电子照排系统"方案引起与会者的极大兴趣，会一直开到深夜才散。王选夫妇深受鼓舞。

王选的方案在北大印刷厂也引起工人们的强烈反响：

"嗨,你听说了吗? 无线电系有个病号,想出一个绝招。不用拣字,不用铸铅,一按键盘就能排出版来!"

"真的?那咱搞印刷的可就成神仙喽!"

"这病号不是在说梦话吧?"

"哪能呀! 人家是在大会上正式宣布的……"

工厂的反响很快传到王选的耳中,他兴奋地靠在床栏上连连搓手:仅仅是一个初步设想,就受到印刷工人师傅们如此热烈的欢迎。他对堕铼说:"咱们得尽快让设想变成现实,不能让工人们失望。"

→ 惊人的"第一笔"

★★★★★

北京大学毕竟是驰名中外的高等学府,党政领导层中都不乏高水平的有识之士。王选的初步方案很快就被通过。"全电子式自动照排系统"被正式列为北大科研项目。

学校决定从无线电系、数学系、物理系、中文系、电子仪器厂及印刷厂等单位抽调人力,组建科研班子。

1975 年,北大还没有形成良好的科研协作气氛。王选寄予厚望的几个系,大都反应冷淡。数学系的反应最令人欣慰,他们率先派出两位教师(其中一位就是陈堕铼)和两位年轻人。

但总体情况很让王选失望。从 1975 年夏天到 1976 年底,科研班底始终没能组织起来。已经调来的人,对计算机也不熟悉。真正懂计算机的,只有王选和陈堕铼两个人。

这对夫妻轻声叹息之后，相视一笑，默默地投入了工作。

上次的手稿仅仅是一个设想，一个粗略的计划，要使美妙的计划变成现实，首先得使方案具体化。

王选一连几个月趴在桌上用放大镜分析汉字字形规律，进行极其繁杂的统计和比较。精确地计算不同笔画的曲率变化，再分类合并，进一步提高压缩汉字信息的数量。陈堃銶则及时把他思考出的压缩信息在计算机上进行模拟实验。

经过几个月呕心沥血的奋战，王选以惊人的智慧和顽强的毅力，终于探究出汉字造型的奥妙，发明了高倍率压缩方案，用轮廓加参数的描述的方法，使庞大吓人的汉字字形的信息量，骤然压缩到五百分之一！

被大大压缩了的汉字信息，能不能精确地复员呢？当然可以。王选在发明了高倍率压缩方案的同时，还发明了一种利用数学推算方式，巧妙复原的办法。除此之外，王选还发明了一种失真最小的文字变倍技术，使汉字字模具有孙悟空七十二变的本领，能胖能瘦、能高能矮、能大能小。

王选就像神话中的魔术师，运用神秘的数学符咒，使庞大的汉字字模队伍缩减成五百分之一后，终于能自由自在地跳入电脑之中，可隐可现，随时听从主人的召唤，为汉字精密照排系统的研制，扫除了最大的障碍。

陈堃銶立即把这些发明用于实践，她于1975年9月，通过软件模拟出"人"字的第一撇。

"人"字的第一撇，看起来多么简单！连幼儿园的孩子都能写，但那是用笔写。如今，王选和陈堃銶通过软件模拟出来，却是惊人的一笔！王选夫妇面对这动人的一笔，激动得彻夜难眠！它宛如一支优美诱人的号角，明白无误地向世界表明：中国汉字印刷术的第二次革命号角即将吹响！

王选夫妇通过这一撇，也写出中国人不畏艰险、勇攀科技高峰的英雄气概！

可惜，他们的成果一直没机会在社会上亮相。"748工程"办公室的张淞芝虽然来过北大一次，但未及详谈。

北纬旅馆"论证会"

★★★★★

1975年11月，一次规模空前的照排系统方案论证会，在北京市原宣武区北纬旅馆拉开了序幕。

"748工程"经国家计委批准之后，其中的子项目——精密汉字照排系统，连同一百多万元的科研经费，都已在当年下达给北京出版局和北京新华印刷厂。当时人们都把这一子项目称为北京的"748工程"。

这次论证会由北京出版局和新华印刷厂主持。这实际上是一次比武大会，研制汉字精密照排系统的各家都将登台现身说法，看哪家方案最好。

会议除了概括介绍了日本的照排系统外，还介绍了前面曾提到过的国内五家研制方案。

王选亲自参加会议。只因他的身体仍旧很虚弱，讲话相当困难。介绍北大高倍率信息压缩技术和全电子照排方案的重担主要由陈堃銶承担。

在所有的照排系统方案中，北大方案新颖奇特，独放异彩。其中的高倍率信息压缩技术及汉字点阵还原技术轰动了会场。掌声、欢呼声此起彼伏，会场气氛空前热烈。借用会议主持人的话说，"真牛！北大把技术人员都给俘虏了！"

但是，由于出版界人士长期接触的都是二代机的机械原理方案，对冷不丁冒出来的数学方案能否变成现实，深表疑虑。它太神奇了！将来能实现吗?！尽管北大用计算机展示了模拟实验的结果，但仍有很多人认为北大方案只是一种离奇的幻想！有些人干脆就认为这不过是一种脱离实际的数学游戏。

主持会议的北京出版局和新华印刷厂的工作人员对北大的方案也画了一个大大的问号。因为当时也有日本人和美籍华人搞过信息压缩技术，效果都不好。日本人在1974年搞过一个信息压缩技术方案，但无法保证字形质量，输出的字形非常难看。

大会最后上报材料时，最先进的北大方案被淘汰掉了。大会主持者仍把落后的二代机方案报上去，作为国家重点科研项目——"748工程"的正式方案。

北大方案落选了，王选获得科研经费的希望也随之破灭了。这对他当然是个沉重的打击。这次失败，使他看到未来道路上的艰难。在他怀着沮丧的心情登车返校时，他想起美国的一位著名的计算机专家，名叫克雷（Cray）。他于七十年代初，用自己的名字成立了一家公司——克雷公司，专门研制和生产超级计算机。

自六十年代起，世界上最快的计算机几乎都是他设计出来的，都是当时最快的巨型计算机。他在谈到自己的经历时说："我每做一件事，都有人说:'你做不成，做不成。'对这种议论，最好的回答就是自己动手，亲自去做。"

王选想到这里，脸上露出了淡淡的微笑："是的，我也得亲自做出来才成。"

但是，王选想做和要做的事情太超前，常常在数年之后，甚至十年之后才能让别人理解。

回到家里，陈堃銶开玩笑地问："王选，咱们还干不干啦？"

"干！不到长城非好汉……"王选还没说完，就疲惫地倒在床上了。

➔ 等待机遇

★★★★★

　　汉字精密照排系统是一项工程庞大的高科技项目。没有可观的经费和实力雄厚的协作工厂，这个项目是不可能获得最终成功的。北纬旅馆的挫折，使王选的方案未能列入正式的科研项目，上述两个必要的条件都不可能得到。

　　但是，北大这对令人敬佩的科研伴侣却毫不气馁。他们每天依然废寝忘食地完善着自己的方案，使方案日益具体化，同时，他们耐心地等待着机遇。他们深信，机遇迟早是会到来的。

　　到了1976年初，王选的高倍率汉字信息压缩技术、高速还原技术及不失真的文字变倍技术已经相当成熟。

　　王选和陈堃銶做了反复的验证，并在中文系陈竹梅、石新春的协助下做了大量的实验。每种技术都用多种方法来实验，然后从中选出最佳方案。

　　王选在完成这些令世人惊叹的发明时，年方38岁。

　　王选在这一期间还完成了另一项创新——多级存储器调度算法。当时若没有这样一个调度算法，后来的华光机是不可能问世的。

　　研制汉字精密照排系统的重大技术难题已经被王选夫妇全面突破。王选就像一名身怀绝技的勇士，渴望着在汉字印刷术的第二次腾飞中，为祖国、为中华民族立下汗马功劳。

　　王选一面与病魔进行搏斗，一面焦急地寻找机遇。

机遇从来都只偏爱那些勤奋而又有准备的人。

尽管北纬旅馆论证会的主持者们没有上报王选那套迷人而又离奇的"数学游戏"，但它还是通过各种渠道传到电子工业部"748工程"办公室张淞芝的耳朵里，他想起前一年9月份在北大曾听过简单的介绍。可惜当时没有做详尽的了解。为了弄清王选方案的价值，他决定乘新华社打算上精密照排系统项目的机会，对北大方案再做一次深入的调查研究。

1976年2月11日，新华社及电子工业部有关单位负责人陪同张淞芝一起到北大找王选。

王选夫妇详细介绍了高倍率信息压缩方案、高速还原技术和不失真的文字变倍技术方案。同时汇报了多级存储器调度方案。张淞芝这次听得非常仔细，并询问了一些技术细节。他听完汇报之后很高兴："你们的方案很有特色，抓住了主要矛盾。"

回去之后，他们当即向电子工业部计算机工业管理局局长郭平欣做了汇报。

郭平欣是我国电脑方面的专家。他学识渊博，对世界科技界的风云变幻了如指掌。为了尽快解决汉字信息处理技术的难关，迎接新技术革命的挑战，他亲自主持制定了影响深远的"748工程"。

他听了张淞芝的汇报之后，很赞赏王选的技术方案。他认为在王选的发明中，处处都闪烁着智慧的火花。在国内诸方案中，王选方案是最科学、最有前途的一家。

郭平欣谈出自己的初步意见："可以考虑把研制汉字精密照排系统的任务交给北大。别的单位就不要再搞了。"

这几句话不但反映出这位电脑专家的非凡眼力，同时也反映出他的坦荡胸怀。

在一些人眼中，郭平欣是让"肥水外流"。因为每一项科研项目的后面，都挂着一笔令人眼馋的科研经费哪！而郭平欣身为管理局的局长，却把"748工程"这样重大的科研项目转给了跟管理局没有一丝"亲缘"关系的北京大学，未免有悖世俗关系学的常规了。

其实，郭平欣才是真正的社会主义关系学的专家呢！在他看来，北大是文理科齐备、科研力量十分雄厚的高等学府，而王选方案又具有可贵的科学性和创造性，把它拿到世界科技舞台上，也属于先进水平的。因此，上王选方案于国于民最为有利!

拍板前，他又一次派专人来听王选的多级存储器的调度方案。最后，他还要亲眼看看模拟实验的效果。他提笔写了10个字:

山、五、瓜、冰、边、效、凌、纵、缩、露。

写完之后，他又补充了一个"湘"字。

他要求王选在一个半月之内以这11个字为实例，把他的设计方案付诸实施。

陈堃銶一见到这11个字就惊叫起来:"呀! 这份考题可真刁! "

是的，从字数上看，这似乎是世界上最简单的考题。但王选和陈堃銶却知道这张考卷的分量异乎寻常。

这些字的结构和笔画风格迥然不同。这对王选的高倍率信息压缩方案及高速还原方案都是一次严格的考核。如果系统方案中有潜在的缺陷和漏洞，模拟实验时，就会统统暴露在光天化日之下。

北大领导对这次考核非常重视。会战组组长张龙翔教授在5月4日晚上召开了紧急动员会，要求全组总动员，务必在一个半月之内完成11个字的模拟实验工作。

第二天清早，大家都来到实验室，紧张地干起来。搞模拟工作的科研人员主要有两位。一是陈堃銶，一是丁蔼丽。她们整天泡在实验室，经常是忙到半夜才回家躺一会儿。天一亮又爬起来，连脸都顾不得洗就一头钻进实验室。

陈堃銶因劳累过度，血压下降到80/50,写字时手指不停地抖动，急得她浑身冒冷汗，但手中的模拟实验工作却始终没有停止过。

最后，她们终于提前一周完成了模拟实验任务!

6月11日,郭平欣局长、国家出版局副局长沈良、"748工程"办公室的毛应、张淞芝及新华社的有关同志，兴致勃勃地来到北京大学计算中心观看模拟实验。

郭平欣像一位苛刻的主考官，他一声不响地注视着宽型打印机输出的字样。他紧闭着双唇，一个字一个字、一笔一画地仔细察看。

他从头到尾把11个字都看完之后，脸上终于露出了笑容:"很好! 质量完全能满足正式出版的要求。"

他高兴地和王选、陈堃銶、丁蔼丽等工作人员一一握手："你们辛苦了！"

模拟实验在一片赞扬声中通过了考核。但是，反对的声浪依然十分强劲：王选又在玩一场虚幻的数学游戏！它只能在实验室里做表演。有人则公然指责电子工业部计算机局选择了一个错误的方向！另外，研制精密照排系统的任务已经下达给市出版局和新华印刷厂了，现在要把任务转给北大，自然也引起相关单位的强烈不满。

郭平欣依仗坚强的党性和深厚的专业修养，力排众议，坚决支持王选的方案！

1976年9月21日，在郭平欣的建议下，张淞芝手书了一个通知，把"748工程"中的汉字精密照排系统的研制任务正式下达给北京大学。经电子工业部副部长批准后，郭平欣立即签发了这个通知。他又亲自出马为北大联系协作厂家，为日后的正式投产准备好条件。

王选一直深深怀念这两位真诚相助的领导干部："当时的协作工作如果没有他们出面组织，是难以在短期内完成的。他们使我腾出了大量宝贵的时间和精力去突破技术难关。"

经过几个月的紧张奋战，北大的方案终于正式上马了！中国汉字印刷术的第二次革命也终于正式拉开了帷幕。王选和陈堃銶都松了一口气。

国内原来研制精密照排系统的那五家，此时也在继续奋战，没有一家停顿下来。但竞争已经纳入公平、正常的轨道。

孰优孰劣，只有实践才有资格做出最公平的判断。

➡ 激光输出装置

★★★★★

王选的一系列发明，巧妙地消除了阻碍汉字印刷术腾飞的拦路虎。但是，汉字精密照排系统是一项十分复杂、庞大的高科技系统工程。继汉字字模的存储问题之后，还有大大小小数不清的科技难题。

王选和妻子并肩站在征途上，回顾了一下我们祖先在印刷术上缓缓行进的历程之后，又双双踏上了新的征程。

王选的下一个目标是解决高精度的输出装置。

当时，他唯一能借鉴的，只有三代机的阴极管射线输出装置，它可以把一页版面扫描在荧光屏上，并在底片上曝光。不但输出速度高，而且能同时输出黑白图片和照片。但制造这种显像管和扫描电路的技术复杂，对底片灵敏度的要求也非常高，这个方案被王选否定了。

1976年4月，王选了解到邮电部杭州通讯设备厂研制的报纸传真机已投入使用。《人民日报》的清样可以在北京通过传真机传送到外省市制成底片，再制版、印报。但传真机用的光源是录影灯，输出质量受到很大限制。

一天，他从文献上得知，美国戴摩（DYMO）公司正在研制第四代激光照排机。不过，因技术没过关，没能成为商品。

王选请教本校物理系光学专家张合义："您看能不能把传真机中的录影灯光源改为激光？"

张合义的回答是肯定的，但研制控制系统有很大难度。

为了解决这个难题，王选又研究出逐段生成的办法，一次只生成一小段文字，这样，用较小的存储器就能控制不停顿的激光扫描输出设备。

但是这又出了新的问题：用杭州通讯设备厂滚筒式传真机改装成的照排机，滚筒的转速不能太快，结果，每秒钟仅能输出 15 个字。

每秒输出 15 个字？号称最先进的激光照排机，输出速度竟跟五十年代的第二代机相同？！这就好比当代豪华型小轿车的车速却跟牛车一样滑稽可笑。

怎么才能提高输出速度呢？经过多日的反复思考，王选终于在 1976 年 11 月的某一天想出一个新招儿：同时提供四路激光扫描。输出速度自然随之提高了四倍。当然，这四路激光必须保持同步行进，要不就乱了套。

王选断定由控制器提供四路平行信息是可以实现的，但照排机改成四路平行扫描，在技术上是否能行得通呢？他毫无把握，因为他对光学和机械制造可是个门外汉。

第二天，他去参加一个全校性会议时，在办公楼前碰到了张合义同志。王选向他谈了这一初步设想。张合义是一位理论功底深厚，操作、动手能力都很强的光学专家。他经过短暂的思索之后当即肯定四路激光平行扫描的设想是可行的。分手之后，他很快就把方案设计出来了。他运用光导纤维偶合的办法，保证四路激光准确定位。后来，他和另一位专家李新章合作，实现了这一方案。

四路激光平行扫描方案的实现，使输出速度提高了四倍。从原来的每秒钟 15 个字提高到每秒钟 60 个字，完全达到了实用标准。

从 1975 年到 1976 年，王选一直致力于实现高倍率信息压缩存储及高精度快速输出方案。陈堃銶则为研制排版软件而奔忙。这位体态娇弱、意志坚韧、智力过人的女性，是中国第一代计算机软件科研人员。为了使落后的汉字印刷术能早日腾飞，她独当一面地承担着激光照排系统中大型软件的总体设计。

当时美国和日本的排版软件大都只能出毛条，再用毛条拼成版面。只有极少数排版系统能整页输出、自动成页、自动填页码。

陈堃銶设计软件时，目光也是瞄向国外最新水平。不但要整页输出、自动成页、自动加页码，还增添了联机修改的功能，以便在荧光屏上显示出修改后的小样。

陈堃銶和王选还考虑到新华社的时效要求极高，因此至少要保证四个终端同时修改、校对，互不干扰。这就要求有分时操作系统，以支持四个终端同时工作。

为了研制出高水平排版功能的软件，陈堃銶不知熬过了多少不眠之夜。甚至在1976年唐山大地震之后，她依然和王选扎在抗震棚中坚持看文献资料，讨论攻克技术难关的办法。

1976年，尽管王选在科研上取得了一系列成就，但他的日子还是过得挺艰难的。他的方案虽然获得校领导的支持，并成立了以张龙翔为组长的会战组，并把学校仅有的一台DJS18中型计算机优先供会战组使用。无奈正值"四人帮"专权的日子，人们的思想认识很难统一。不可能组成健全得力的班子。

会战组中真正懂硬件的只有王选一人。懂软件的只有陈堃銶和一名助手。人手奇缺。

更让人寒心的是，系统的唯一用户——新华社，由于"反击右倾翻案风"，于1976年下半年停止了对精密照排系统项目的研究使用。

用户没了，科研经费也随之削减了。王选陷入进退维谷的境地。但他没有退缩，他咬紧牙关，继续向前挺进。

⟶ 电脑写出了"羊"字！

★★★★★

1977年初，王选的日子又有了转机。

新华社与北大的合作关系终止半年之后，如今又派人来到北大。当他们得知北大的激光照排工作不但没有停顿，而且在软硬件两个方面都有了令人瞩目的进展时，非常高兴。他们决定给中央打报告，请求在经费上给予支持。

与此同时，组长张龙翔也拿到了校党委授予的"尚方宝剑"。研制小组曾在 1976 年底给党委打过报告，陈述了组建科研班子的困难，恳请党委重议组建"748 工程"科研班底的工作。

1977 年 1 月，党委负责人黄辛白在报告上批复：不必重议（按原决议），抓紧进行。

张龙翔举着报告对王选说："别着急了，人员很快就能抽调过来。"

1977 年 5 月 6 日这天，对王选更是一个值得庆贺的日子。

这天，新华社、电子工业部和北京大学三家负责人在新华社召开联席会议。社长曾涛、副社长杨家祥、电子工业部郭平欣、张淞芝及北大校长周培源、会战组组长张龙翔都出席了会议。会后成立了三家联合领导小组，郭平欣任组长，杨家祥和张龙翔任副组长。

周培源、曾涛等同志都在会上发表了热情洋溢的讲话，会战组的士气为之一振。

会议结束不久，就从北大电子仪器厂调来一批骨干力量。陈葆珏、董士海、吴士淇等硬件骨干都是这次调来的。中文系和计算中心也调来了软件骨干裴坤寿同志。

王选和陈堃銶孤军奋战的局面从此结束了。

9 月，北大领导把旧图书馆的一楼分配给"748 工程"会战组，正式成立了"北京大学汉字信息处理技术研究室"。并从中文系调来一位得力的干部——李一华担任研究室的行政领导。

王选得知学校已把图书馆一楼批给他们做办公室的消息时，乐得合不拢嘴，比自己分到一套新房还高兴。他终于有了一块理想的研究基地。办公室、机房、实验室一应俱全，成龙配套。

入夏之后，北大与外地协作厂的联合工作也取得了很大进展。

在郭平欣的主持下，北大与无锡电子计算机厂建立了协作关系。该厂将承担汉字终端的试制。两年后，该厂就依照北大提出的总体设计方案，制造出当时居国内领先地位的汉字编辑终端样机。

1977 年 10 月，北大与山东潍坊计算机公司也建立了合作关系。这也是郭平欣亲自到潍坊促成的。这个公司将承担主机和控制器的生产。

年底，在张合义和李新章的主持下，与杭州邮电通讯设备厂建立了合作关系，共同研制滚筒式照排机。与这些厂家确立了合作关系之后，就为日后的系列化商品的生产打下了良好的基础。

1977 年，研究室还取得了一些重要的科技成果，他们改革了杭州邮电通信设备厂生产的传真机，成功地把其中的录影灯改成激光光源，效果良好。

北大汉字信息处理研究室还完成了一个重要的实验：把一个单字发生器跟杭州滚筒式传真机联系起来，由发生器输出汉字，供传真机输出，输出的质量比预料的还要好！

1977 年底，周培源校长把郭平欣、新华社及各大报社的负责人都请到了北大实验室，观看了一场独特的表演。

来宾们手持高倍放大镜兴致勃勃地观看从传真机输出的底片。底片上没有迷人的湖光山色，只有一串又一串的"羊"字。在外行们看来，这一个个普普通通的"羊"字实在没有什么新鲜好看的。但是，它们却像一块强磁铁，牢牢吸引住大家的目光。电脑"写"出单字来了，端正的字体和秀美的笔锋获得一片赞美声。

王选的心里更是美滋滋的。他早已透过那一串串的"羊"字，看到了日后整页输出的大报纸。

在新年来到之前，王选还意外地领到了一百多元补发的工资。他手捧着钱，心里说不出是什么滋味儿。

十年来，他的日子过得好苦！每月只能拿到四十多元的劳保工资。1975 年春天，当他开始进行"748 工程"（精密照排项目）的总体设计时，项目还没有经费，日子过得尤其艰难。他去中国科学院情报所查资料时，本应花 3 角钱从中关村坐车到和平街下车，但为了节省 5 分钱车费，常常提前一站，在和平西街下车。为了节省复印费，有些资料不得不手抄，浪费了天才发明家不少宝贵的时光。

这位在电子计算机上明察秋毫的专家，竟不知在上班伊始就应找领导声明终止劳保工资，以致在极度贫困中苦熬了漫长的岁月！

中华之光

➡ 尺幅小报 轰动京城

★★★★★

1977 年，周培源校长主持的整版 "羊" 字表演，实际上是一次令人振奋的新闻发布会。它向人们宣告：汉字激光照排系统的实验模拟阶段已圆满结束！下一步工作就是把实验室的技术方案变成样机。

1978 年，王选把全部时间都花在逻辑设计和工程设计上了。

照排控制机上共有二十多块控制板，其中的半数得由王选具体设计。剩下的一半虽不用他设计，但得由他审阅图纸。一天三个单元，工作十分紧张。承担研制硬件的人员也很劳累，北大的陈葆珏、董士海、吴士淇以及从潍坊来京的汤玉梅、向阳等技术人员，也是每天由早到晚从事逻辑设计和工程设计，工作十分紧张。

当时我国还没有对外开放，所有零部件都无法进口。由于没有大、中规模的集成电路，28 块大插件板不得不采用小规模集成电路。存储器也只能采用效率不高的磁芯存储器。

用落后的零部件去创造有先进设计思想的产品，无疑是非常困难的。第一次制出的主机，整整占了一个大机柜。系统的核心设备——照排控制机占用了一个大机柜外加一个小机柜。

就在王选他们紧张研制样机的时候，听到一个令人吃惊的消息：全球闻名的英国蒙纳公司正在加紧研制具有汉

068

字排版功能的激光照排系统。他们雄心勃勃，踌躇满志。在公司经理们看来，一举占领中国和东南亚市场，大量倾销蒙纳公司生产的汉字激光照排系统的时代已经近在眼前了。

你别以为英国人是在吹牛。1979年初，蒙纳公司果真派人到上海筹备展览会。国内也有单位愿意与蒙纳公司合作，想通过补偿贸易的方式，全面引进英国的照排系统。

蒙纳公司是世界上最早研制激光照排机的企业。它在1976年就已经推出平板转镜式激光照排机。蒙纳公司的资金雄厚，人才济济，工业水平先进。一句话，在各个方面都具有明显的优势。

形势相当严峻。王选面对强大的竞争对手，一点儿也没有惊慌。他沉着地分析了双方的长短之后，狡黠地笑了："他有他的优势，我有我的优势！"

在王选看来，汉字和活字印刷术都是中国人发明的，世界上只有中国人才能真正理解和掌握汉字的奥妙。用照排系统对付26个英文字母，英国人驾轻就熟，占有很大优势。但是，在数量惊人、字形复杂的汉字面前，在掌握中文排版的规律和特点方面，中国人可就处于绝对优势了。

在汉字激光照排系统的领域里，绝不能让外国人占领中国市场！如果在汉字印刷术的腾飞竞争中自己不能获胜，那可真是愧对列祖列宗了。

王选和他的同事们怀着强烈的民族自尊心默默地投入了工作。

1979年春天，王选他们终于研制出样机，接着又马不停蹄地投入紧张而艰苦的调试工作。

上万个焊接点，密如蛛网的线路，数以千计的集成电路以及所有零件的参数、功能都需要检查调试。工作量太大了！不少人为此而通宵达旦地工作。没有人抱怨，没有人畏缩，毕昇的后代绝不能给中华民族丢脸！

经过三个月的艰苦奋战，终于把样机调试完毕！

1979年7月27日清晨，北大汉字信息处理技术研究室的计算机房里洋溢着紧张而又热烈的气氛。身穿白罩衫的工作人员都一声不响地围在样机四周，用期待的目光注视着它，没有人走动，没有人说话，只有计算机键盘不停地发出轻巧的嗒嗒声。

转眼间，从激光照排机上输出一张八开报纸的底片。有两个年轻人忍不住挤了过去。

"别忙，等洗完了再看！"祁贵珍拿起装有底片的暗盒走进暗室。

人们都拥在暗室门口焦急地等待着。不断有人高喊："好了没有？""太慢啦！"

暗室的门终于打开了，祁贵珍兴奋地喊道："成功啦！"

人们欢叫着举起手臂，争先恐后地抢着看那张刚刚冲洗出来的大底片。

"别抢，先给王老师看！"

王选满面通红，宽阔的脑门上闪着柔和的光彩。他使劲儿抑制着心跳，用苛刻的目光扫视着底片上每一个标题。

底片从一个人手里传到另一个人手里。赞叹声、欢呼声此起彼伏。

报纸的样张也很快印了出来。"汉字信息处理"六个大字赫然占据着报头的位置。横竖标题错落有致。大小十来种字体，配上精心安排的表格花边，使版面更加美观大方，端庄悦目。

△ 1979年7月，王选主持研制的汉字激光照排原理性样机输出第一张报纸样张

右上角的花边方框里印有三行小字：本刊是计算机——激光汉字编辑排版系统的试排样张。

正是这三行小字泄露了天机。要不，你准以为这是一份新创刊的学术小报呢！

这张貌似平凡的八开小报向人们宣告：北京大学的汉字精密照排系统主体工程技术已研制成功！尺幅小报在北京掀起了轩然大波。

1979 年 7 月 29 日，国务院副总理方毅同志亲自前往北大参观表演，对这项科技成果给予了很高的评价。

1979 年 8 月 11 日，《光明日报》在头版头条用通栏标题报道了这一喜讯：

汉字信息处理技术的研究和应用获重大突破

副标题是：我国自行设计的计算机——激光汉字编辑排版系统主体工程研制成功。

报纸还在头版编发了评论员的文章和小报的照片。

报社应王选的要求，没有在报道中提到他的名字，但主持单位和参加研制的几个协作单位却一个未漏，全都见了报。

这一报道，在国内印刷业中引起了一片喝彩声！在国外也引起了巨大的反响。

→ 飞往伦敦的电报

★★★★★

1979 年 8 月，英国蒙纳公司的工作人员正在上海筹备激光照排系统的展览。他们计划 10 月份分别在北京和上海举办展览会，把公司的产品打入中国市场。

正在这时，《光明日报》发表了中国计算机——激光汉字编辑排版系统主体工程研制成功的消息。这很出乎英国人的意料。公司负责人立即下令复印了几份，并将这个消息电告伦敦。

蒙纳公司当时对这一消息并没有感到十分惊慌。他们认为，激光照排系统是一项十分复杂的尖端技术，按中国目前的电脑技术水平，充其量只能输出质量较差的文字，要想达到专业印刷的标准，中国人还有一段很漫长的路程，北京大学也不可能创造出奇迹来。英国对这点很自信，因为日本电气公司和京都大学都曾花费了大量经费和时间，不是至今也不能保证文字质量,无法形成商品吗?而中国人根本没有第二代和第三代机的基础，更不可能研制出高水平的第四代照排机。但是，北大到底达到了什么水平? 他们决定飞往北京，亲眼看一看。

1979 年 10 月，蒙纳公司代表团到达北大之后，仍不相信《光明日报》的报道，他们见到北大人就问 :"你们真的搞出了第四代机?"

蒙纳公司汉字激光照排系统的总设计师金斯教授一见到字形清晰优美的照排底片就怔住了。他用高倍数放大镜仔细端详了一番，不由惊讶地用英语连说了两遍 :"Very high quality!"（高质量的!）

金斯教授十分困惑地问道 :"我碰到一个大难题。汉字如此众多，你们是怎么装进计算机里去的呢?"

王选当时没有在场，自然不能详尽地回答他。但金斯教授的难题正是研制汉字激光照排系统的最大难题。由于他没能解决这一难题，蒙纳公司的照排机每秒钟能输出 150 个英文字母，而输出汉字时，每秒钟不到 20 个字。

金斯教授参观北大之后，在一次技术交流会上感慨地说 :"中国的北大是在秘密状态下进行了这项工作。看来，他们的总体设计是好的!"

蒙纳公司想用他们的激光照排系统占领中国市场的梦想幻灭了。

但是，王选没有被这次的胜利冲昏头脑。他对蒙纳公司的产品进行了全面的分析，以备借鉴。

英国的主机采用的是大规模集成电路，英国的激光照排机也很稳定，终端采用了微机。蒙纳的硬件水平远比我们先进。但是系统的整体设计水平不高，因而在使用时产生了一系列的问题。如它采用大磁盘存储字模就很不理想，装不了几种字体就满了，达不到实用目的。

在终端，蒙纳产品的屏幕仅能显示 17 个汉字，我们可以显示 352 个汉字。

北大研制的计算机——汉字编辑排版系统也引起日本厂商的极大兴趣。在七十年代，日本的一些公司，包括日立、松下、富士通和三菱这样的大公司，一谈起汉字精密照排，都认为技术上十分困难。日本电气公司一位技术人员跟王选谈到这一问题时，摇着头一连说了三遍："很难，很难，很难！"

日本的一些公司后来虽然实现了电脑照排，但周期都很长。如《经济新闻》用了 13 年，《朝日新闻》用了 17 年，花了 2000 万美元，结果仍然不能成为商品。

由此可知，北大研制的汉字激光照排系统样机在当时真够露脸的。但王选很不满意：体积大，可靠性也差，有些硬件的工艺还没有真正过关，离实用商品化还有一段很艰苦的历程。

⟶ 赏心悦目的《伍豪之剑》

★★★★★

1980 年 1 月 8 日，《北京日报》在头版头条显著位置报道：

我国自行设计的计算机——激光汉字编排系统的主体工程和汉字终端校改系统研制成功。

汉字终端校改系统是激光照排系统的组成部分。它是由汉字显示器、汉字键盘、汉字文字库和终端控制机等部分组成。主要用于文章的编辑校对和实现人机对话。

文章进入计算机之后，编辑人员就可以通过汉字键盘发出命令，将文章调入终端控制机，并在汉字显示器上显示出来，供校对改稿用。汉字键盘没有专用功能键，可以十分方便地对原稿进行增、删、改。当你想修改文章中的某个字时，只需将显示屏幕上的光标移到该字，再按下应改入的字键，屏幕上的字就会被新字所取代。

你想在原稿中添字或删字吗？只需按动键盘就行了。除此之外，还能按照编辑人员的指令，自动实现文章的分段、并段和增删字句的工作。

终端系统还能对6—12台键盘和显示器实现分室操作。十余名编辑人员可以在100米距离内，分别在自己办公室里使用各自的键盘和显示器同时工作。

有了终端校改系统，北大的激光照排系统就更加完善，其性能已稳居国内领先水平。

至此为止，出版所需要的软件，基本上都被调试出来。计算机正是通过这些软件才懂得"标题居中空两格"、"文排五宋双栏"、"行首不出逗句号"等印刷术语的。前面所讲的编辑增删、自动成页、加页码等功能也都是通过软件实现的。

1980年夏天，软件的核心内部分全部调通。计算机——激光汉字编辑排版系统成功地排出了样书——《伍豪之剑》。

全书只有26页，但字体优美清晰，封面古朴典雅，这是用国产激光照排系统排出的第一本汉字图书。

这本书从文稿输入、编辑排版、校对修改到添加页码等一系列工序都是在计算机控制下自动运行的。它没有动用一个铅字，也没有经历铅排所必不可少的拣字、拼版、打纸型、浇铅板等一系列繁琐的工序，更没有熔铅、铸铅这类有毒作业。它是中国印刷史上第一次完全甩开铅作业，用激光照排系统印出的图书。

王选和陈堃銶望着那本色彩雅致的淡绿色样书，长长地舒了一口气，脸上都露出了胜利的微笑。

周培源校长见到样书，高兴极了！他把它作为最珍贵的礼物送给了方毅副总理。

方毅接到书，抑制不住喜悦的心情，挥笔批示："这是可喜的成就，印刷术从火与铅的时代过渡到了计算机与激光的时代，建议予以支持，请邓副主席批示。"

日理万机的邓小平五天后批示："应加支持。"

方毅副总理的喜悦，充分表达了中华民族的民族情感。这次"冷"排成功，绝不是一般的技术革新。它是继毕昇之后，汉字印刷术的第二次腾飞。它预示着中国印刷史上影响最深远的一次印刷术大革命即将到来。

方毅爱不释手地翻看了样书之后，又把《伍豪之剑》带到中央政治局，分赠给每位政治局委员。

这些貌似平凡的绿色小册子，像一片片赏心悦目的绿叶，向中国最高领导层传递了一则重要的信息：

北京大学有一位名不见经传的年轻助教，已经在首都引发了一场划时代的汉字印刷术革命!

王选的最大贡献，是使几十年来一直徘徊在照排系统之外的汉字，终于闯过了"电子龙门"，打通了中华民族通往信息时代的阳关大道。

借助王选的发明，古老的汉字又一次向全世界显示了它的神奇功能和顽强的生命力。君不见，不是电脑照排系统拒绝了汉字，恰恰相反，是电脑照排系统乖乖地接受了体态优美、光彩照人的汉字! 王选为创造了方块字的中华民族争了光、添了彩。

1980 年 10 月，方毅带着邓小平的批示来到北大，并向王选及全体研制人员表示感谢和慰问，大家备受鼓舞。

→ 香港国际会议

★★★★★

1980 年 10 月，香港电子计算机学会和国际中文电子计算机学会在香港怡东饭店主办了1980年国际电算机学术会议。

来自美国、加拿大、日本、韩国、联邦德国、丹麦、中国及香港与台湾地区的专家学者一百多人，他们聚集一堂，交流电子计算机处理汉字资料的经验和学术成果。

王选随同中国电子工业部的一个代表团前往。团长是钱伟长教授。王选因得到消息太晚，没来得及准备论文和讲稿，大会也没安排他发言。

到达香港之后，王选把北大的成果向会议程序委员会主席、IBM公司的余嘉培博士简单做了介绍，余先生很感兴趣，他答应在大会结束之前，将尽力为王选安排15分钟的讲话。

大会共开了三天。王选听了几十位中外学者的论文之后，心里也就有了底。

余先生果然言而有信，尽管大会日程安排得满满当当，但他还是设法在最后一天为王选挤出了一刻钟的时间。

国际学术会议通常都是用英语发言。王选没出过国，他的英语全是靠听英国广播电台的播音自学的。这是他第一次在大庭广众之下用英语讲话。效果如何，他心里还真有点儿打鼓。但是，他一上台就把一切担忧都扔到了脑后。他用流利的英语向大家简练地介绍了北大研制的高倍率汉字信息压缩技术和汉字激光照排系统。与会者的目光全被他吸引住了，会场的秩序出奇的好！他在结束15分钟讲演的时候，用英语谦逊地说：“我的英语讲得不太好，请原谅，谢谢大家！”

听众报之以雷鸣般的掌声。

他一走下讲台，就被各国专家团团围住：

“你的报告是这次会议最好的！精彩极了！”

“你的讲话很鼓舞人心！”

“……非常激动人心！”

有位代表冲王选竖起大拇指：“你为会议唱了一出压轴大戏！”

他的英语水平也受到了称赞。一位美籍华人女士对他说：“你没有必要为英语道歉。你的英语比我讲得还好！”

人们纷纷伸手跟王选索要激光照排印的东西。他随身带去的报纸样张和样书被一抢而光。

香港《明报》对王选的轰动性发言做了详尽报道。

当年，除了中国的北京大学，世界上没有第二家能用高倍率信息压缩技术还原出如此优美的汉字，印出那么漂亮的书报。王选自己也没料到，短短的15分钟报告，竟在国际学术会议上引起这么大的轰动。

王选的报告也使余嘉培博士的看法有了改变。余先生在开幕式上的主题演讲中曾认为："随着存储器及大规模和超大规模集成电路的日益发展，字形信息压缩的意义就变得不大了。"听了王选的发言之后，他意识到高精度点阵信息压缩技术在今后仍会有巨大的发展前景。它在保持良好的性能价格比上也同样有重要作用。

余先生不愧是一位具有学者风度的博士。他在最后的总结发言中，毫不含糊地改变了自己原来的一个看法，他说："对于汉字，高质量的信息压缩技术还是很有发展前途的。"

会后，他还写信祝贺王选的成功。他们从此成了朋友，长期保持着联系。

香港国际会议还使王选获得了一个意外的收获。

王选早在1976年就发明了高倍率汉字信息压缩技术和复原技术，但申请外国专利的渠道始终没能打通。这次在香港的发言引起钱伟长先生的关注。在钱先生和香港星光传呼集团公司董事长黄金富的大力协助下，于1982年6月1日登记了欧洲专利，编号是EP0095536"字形在计算机的压缩表示"。王选成为国内第一个获得欧洲专利的人。

1980年底，为激光照排系统做出杰出贡献的王选和陈堃铢双双被破格提升为副教授。

原理性样机通过鉴定

★★★★★

1981年7月，中国第一台计算机——激光汉字编辑排版系统原理性样机（即华光Ⅰ型机）在教育部和国家电子计算机工业总局的主持下，通过了部级鉴定。

鉴定会肯定了华光Ⅰ型机在汉字信息压缩技术方面居于世界领先地位，激光照排机的输出精度和排版软件的某些功能达到了国际先进水平。

评价性的鉴定不过短短六十个字。但王选却反复读了好几遍。在世界范围内能达到一个"领先"，两个"先进"的水平，实在太不容易了！

从1975年5月写出"全电子照排系统初步方案"，到1981年已整整六个年头了。王选和他的同事们在此期间熬过了多少不眠之夜，耗费了多少心血啊！

不过，王选还是幸运的，几年的顽强拼搏毕竟换来了华光Ⅰ型机的具体成果。而在他之前起步的几家，现在怎么样了呢？

上海的两家，一家下马，一家改变了研制方向。

北京的两家中，有一家在1979年就已经停顿下来，照排机没出实验室就夭折了。另一家负责光学和精密机械设计的同志，在看到《光明日报》以通栏标题报道了华光Ⅰ型机主体工程已获重大突破的消息之后，立即长叹一声说："我们的方案就要被淘汰了！"不久，这家的研制也夭折了。

位于南京的一家二代机协作单位，也是见报后派人坐飞机到北京了解情况，不久就停止了二代机的研制工作。

王选知道这几家科研骨干和技术负责人都是很有才华、在某一方面有特长的专家。他们的专业水平、他们所设计的高难度机械动作都达到了国内极高的档次。但仅仅因为没有选好方案，致使十年之功，付诸东流，数百万元的科研经费也泡了汤，这实在是每位科技人员都不应忘记的惨痛教训！

只剩下云南一家了。王选曾对他们过时的模拟式三代机技术方案提出过忠告，但终因骑虎难下，未能下决心改变方案，到了1982年才下马。

国内研制汉字精密照排系统的几家单位先后下马的严酷事实，也从另一个侧面说明这项工作的难度之大，远远超出一般人的想象。

在攻克科技堡垒的拼搏中，王选是优胜者，他一时成了新闻人物。面对各大报刊的醒目报道，他冷静地估量了一下自己的客观处境。

华光Ⅰ型系统已经通过了部级鉴定，核心技术已经登记了欧洲专利。华光Ⅰ型系统在不少方面都优于当代最先进的英国蒙纳公司的系统。凡看过底片和样书或参观过华光机的美、英、日等国的技术专家都给予了高度的评价：

"激动人心的成果！"

"压缩技术领先！"

"是唯一的性能价格比较合理的中文照排系统。"

有的公司明确提出要购买华光Ⅰ型系统的技术。

王选只要转让他的核心技术专利，他这位工资菲薄的副教授立即就能成为百万、千万富翁。可是，在王选眼里，大富翁远没有汉字激光照排系统有魅力。他立志要让汉字激光照排系统在推进中华民族和人类文明的进程中放射出夺目的光彩！

眼前的华光系统离目标还远着呢！它现在只不过是一台原理性样机。不错，华光Ⅰ型系统是通过了鉴定，但它仅仅是样品而不是商品！

一项科研成果，不管将来有多大社会效益，外观有多气派，眼前的名声有多大，只要它没有走出实验室，没有跳下展览台，那它的成果不过是一栋迷人的海市蜃楼罢了！

王选想到这里，发狠地挥起右手在空中画了一个大圆圈儿："依我看，华光系统在成为实用商品之前，我们的成果只能算做零！"

"理当如此!"陈堃銶第一个赞同了他的观点。

研究室的人们也先后默认了他的看法。

各协作厂的厂长们也纷纷点头赞成。

➔ 烦人的冲击波

★★★★★

正当王选和研究室内外的科技人员齐心协力、埋头苦干,为华光系统的商品化而奋战的时候,三股能量颇高的"冲击波"搅扰了研究室的正常秩序。

一是出国热。截止到 1985 年,北大的中年教师基本上都出国转了转。这些知识分子出国绝非都是为了镀金。闭关锁国几十年,趁改革开放的大好时机飞出国门看看世界,既能开阔眼界,又能进行较广泛的学术交流,还能通过讲学等活动增加些个人收入,带回几件免税紧俏商品。

研究室的人员眼睁睁地看着自己的同事们纷纷出国,有些人坐不住了。华光工程实在太艰苦了,不论搞软件还是搞硬件的,每天都是三个单元,从早忙到晚,一分钱奖金也没有。华光机哪年哪月才能成为商品? 谁也说不清。

二是理论进修热。提职称要有文凭,要有论文数量。王选这里是搞实用技术的,每天都有大量繁琐的工作要做,工作人员哪有时间去进修、写论文呢?

三是辅导孩子热。望子成龙是父母的心愿,但是,要想增强孩子的竞争力,就得加强辅导,还得找关系走后门进重点学校,这又得要时间!

出国、职称、调资、住房、子女升学……王选一概解决不了。他只能怀着惋惜和歉疚的心情，为同样怀着惋惜心情的调出人员送行。

"冲击波"给王选带来不小的损失，原来搞硬件的有九个人，后来只剩下王选和吕之敏两个人了。

此外，还不时有冷风吹来：

"北大是全国著名的高等学府，怎么也搞起商品来了？"

"大学是研究学问的，不应该搞繁琐的具体技术工作。"

有的朋友好心相劝："王选，你已经在实验室取得了突破性成果，功成名就。剩下的工作让别人干去吧！何必还这么辛苦？"

大学教授到底该不该搞"华光"系统？王选认真进行了一番思考。

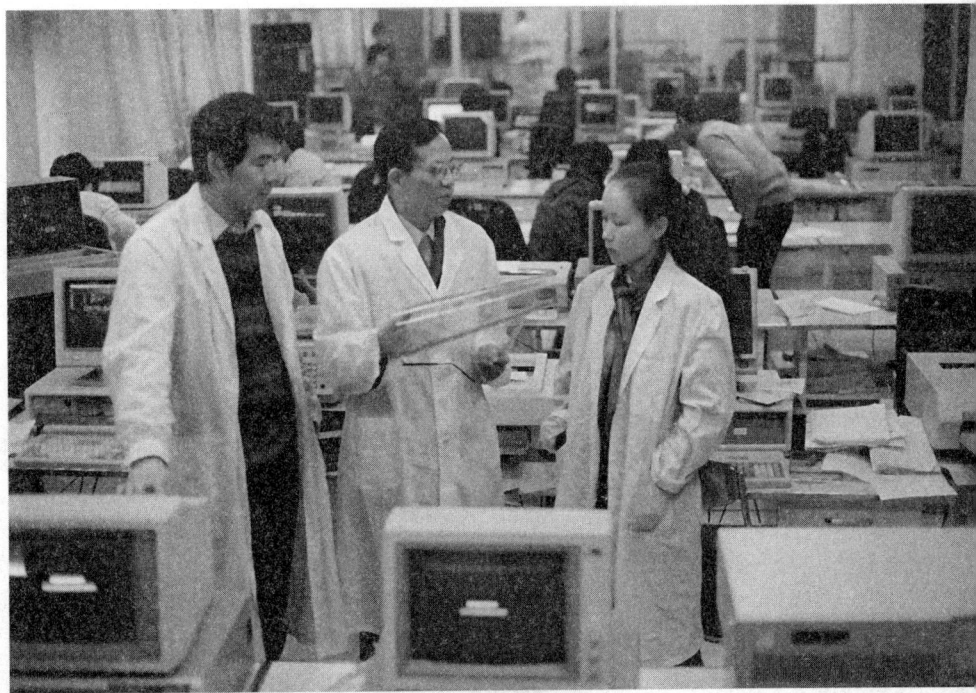

△ 20世纪90年代初，王选在北大计算机所的机房里指导年轻人

科研人员提出一个思想之后，如果能马上找到一位精明强干的企业家去实现，那当然是理想的事。但是，如果一时找不到，该怎么办呢？等待？那可不行。在当今新技术革命的时代，科学技术的发展一日千里。坐等的结果只能是失败、被淘汰！

王选认真统计了一下国外在计算机方面做出突出贡献的人，即荣获过计算机最高荣誉奖——图灵奖的人。结果惊奇地发现：他们都是两位一体的人——既是提出新思想的人，又是亲自实践的人。

由此看来，科学家介入生产实践活动，使自己的研究成果迅速变成商品，实在是一件无可指责的事情，相反这倒是一个国家、一个民族必将兴旺发达的一个吉兆。

"王选，还干不干啦？"陈堃銶又在考验他的意志了。

"干！不搞出商品型华光系统，死不瞑目！"

一批最主要的骨干力量如李新章、吕之敏、顾小凤、杨孔泉、陈竹梅等人，在"冲击波"面前毫不动摇，一个个都铁了心要干到底！

⊙→ 晴天霹雳

★★★★★

就在王选顽强地抵抗一系列"冲击波"的干扰，在逆境中奋力拼搏的时候，他工作上最得力的助手、生活上最亲密的伴侣突然病倒了。陈堃銶患了癌症！

王选险些被这一晴天霹雳所击垮！

"啊，我真傻，怎么早没想到呢！"他使劲地拍打着自己的脑袋，后悔不迭。

他早在数月之前就听妻子说她在便血。王选一直以为是患了痔疮，没有在意。陈堃铢当时正忙于华光 I 型系统的鉴定会。由于国产部件质量不高，调试十分吃力。她作为软件的负责人，从早忙到晚，哪里顾得上去医院看病！只是自己胡乱地用了些痔疮药。

1981 年 7 月，教育部和国家电子计算机工业总局在京主持召开了华光 I 型系统鉴定会的那天，陈堃铢虽然感到身体有些不舒服，但仍怀着兴奋的心情，前往参加，但还没赶到会场，她就呕吐不止。她此时仍未想到这是病情恶化的表现，应该赶快到医院去诊治。

鉴定会之后，正赶上放暑假，她本应该利用节假日休息几天，但因忙于华光系统的换代工作（从 I 型进展到 II 型），她既没有去医院，也没休息。

国庆节时，尽管她的便血已经相当严重，但她还是坚持假日值班，直到 10 月 4 日倒班的时候，才抽空去了医院。

一位女大夫和一位富有经验的老大夫为陈堃铢做了仔细的检查。

查毕，两位大夫默默地交换了一下眼色。

"你爱人在家吗？"老大夫不动声色地问。

陈堃铢是个聪明人，她马上意识到情况的严重性，忙问："你是不是怀疑我得了癌症？"

老大夫仿佛没听见她的话，依然用缓缓的语调对她说："请你明天去三院。"

北医三院于 10 月 6 日确诊：直肠癌！

尽管王选在心理上已有几分准备，但当他真的见了这张冷酷的诊断书时，心还是突突地跳起来。想当年，死神几度向他招手，他都不曾慌过。这位历来蔑视噩运的铮铮铁汉，如今在妻子的病历面前却心慌意乱，不能自持了。

王选是出了名的"科研迷"，他已经把"汉字激光照排系统"视为自己的神圣事业，视为自己的生命，一分一秒都舍不得放下。如今，他毅然放下了手中的工作，陪妻子到医院去做手术。

他忧心忡忡地问大夫："她的病……没有扩散吧？"

"难说。扩散的可能性占 50%。"

王选的心倏地收紧了。他坐在手术室外面的长椅上，一分一秒地计算着时间。他默默地乞求命运之神能宽恕他这个当丈夫的严重失职。

他睁大双眼望着手术室紧闭着的大门。

往事如烟，历历在目……

他和她已经结婚 15 年了。他至今还记得两人决定终身大事的神圣场面。

"王选，我们结婚吧！"

"什么？！……"王选坐在病床上，睁大双眼，吃惊地望着陈堃铢，他疑心自己听错了。

她羞涩地笑了笑，轻声地说："结婚。"

王选微微地张了张嘴，但什么话也没说出来。他没料到这位聪颖过人、体态秀丽的上海姑娘竟会在他重病缠身的时刻选中他做新郎："我病成这个样子……连生活都不能自理……"

"那才好照顾你呀！"

"我父亲是'双料'黑帮——右派加反革命……现在正挂牌批斗，将来会连累你的！"

堃铢淡淡一笑："我爸爸也戴着一顶'历史问题'的帽子呢！"

她叹了一口气接着说："咱们都是另册上的，正好门当户对。"

姑娘的决定遭到不少亲朋好友的劝阻，但她毫不动摇。她从来就不相信"唯成分论"的谬言。她不在乎王选工资的多少。她只重人品和才华，注重彼此相爱的感情。

婚后，她端下菜锅上药锅，扭着纤弱的腰肢，提着水桶在楼梯上一步一挪的身影，至今还深深地刻印在王选的脑海中。

1969 年冬天，他接到勒令书，被迫带病返京参加运动时，火车误了点，堃铢冒着寒风在北京站站口整整等待了十个小时！

在出站口，他从她那苍白的脸庞和那双焦虑的眼神中看到了妻子对丈夫的一片深情。

清队时，每个星期日的晚上，她都抱着棉被送他上学习班，他们一边走一边窃窃私语，抓紧进班前的分分秒秒，继续商量对付大批判的策略。

在事业上，她更是他最坚定的支持者！从 ALGOL60 编译系统到华光 I 型原理性样机的软件设计和调试，从模拟实验到排印小报和样书，哪一项成果里没有融进她的智慧和汗水呢？如果身边没有这样一位身怀绝技、配合默契的忠诚搭档，就没有汉字激光照排系统，华光系统也不可能进展到今天的程度！

她作为妻子，从来没在生活上搅扰过他。她没追求过漂亮的时装和高级化妆品，更没要过新潮家具和现代化家用电器。冰箱、彩电至今也没能提到家庭生活日程上来。房子么，直到两年前还挤在 10 平方米的小屋里……

　　精神文化生活也够亏待她的了。远的不说，仅最近五六年里，他们有过周末和星期天吗？ 堃铽在学生时代就酷爱音乐。1959 年，电台播放贝多芬第九交响乐，她没有收音机，只得跑到别人家窗外，站着听到曲终。本想在婚后陪她进城，痛痛快快地听几场音乐会，可这些年连场电影都没工夫看，更不要说去音乐厅了！

　　整天忙、忙、忙，平日连说话的工夫都没有。她曾对来访的记者坦率地说："我跟王选一起生活的最大体会就是累！累！！累！！！"

　　王选想到这里，心里涌出一股强烈的内疚：是的，做我的妻子，实在是太苦、太累了！

　　唯一使他感到安慰的是，华光事业也使他们享受到常人享受不到的快乐。汉字激光照排系统的诞生，华光系统的每一步进展，软硬件的每一次改进提高，都使他和她欣喜若狂！

　　王选似乎听到了一声痛苦的呻吟，他连忙侧耳静听。手术室的门依然紧闭着，四周静悄悄，什么声音也没有。他不由自主地又陷入了沉思。

　　她太苦了、太累了！我怎么就没想到她会得癌症呢？但愿能给我一个补偿的机会……

　　手术室的门终于打开了，王选一个箭步冲了上去："大夫，怎么样？"

　　"她太瘦弱了，连她身上的癌细胞都患了营养不良，失去了扩散的野心。"大夫开玩笑地说。

　　谢天谢地，陈堃铽的癌变还没有转移！

　　但是，王选还没来得及欢呼，脸上又升起一片阴云：堃铽的直肠被切除，肛门改道，她日后的生活将会遇到难以想象的痛苦。

躺在病床上的陈堃铢睁开眼睛冲他笑了笑，用微弱而又轻松的语调说："别难过了，你应该给我发奖金呢！我为华光系统贡献了一根直肠！"

王选紧紧握住妻子的双手，连连点头，眼中噙满了泪水。

陈堃铢住院恢复疗养期间，王选堪称模范丈夫。他特地买了一本菜谱，虚心向别人请教，很快掌握了烹调的奥秘。他每天两次骑车去医院送菜送饭，顿顿菜都有新招：清蒸甲鱼、糖醋鲤鱼、干煸鳝鱼丝……至于新鲜蔬菜，那更是一顿不缺。他一进病房，满室飘香。大夫们对陈堃铢说："病人里就你吃

△ 王选、陈堃铢夫妇——一对事业上的最佳搭档

得最好!"

手术后的那些天,堕铢身上插满了输液管和导液管,不能随便翻身,每顿饭都由王选精心照料。

王选把华光I型系统鉴定会上得到的几百元奖金全都给妻子买菜吃掉了。他见陈堕铢吃得口口香,心里十分高兴。他暗暗下决心:今后一定要减轻她身上的重负,精心照料爱妻的生活,绝不能让悲剧重演!

陈堕铢在这次大手术之后不久,又回到了研究室。原打算只做一些"指手画脚"的工作,但一进机房,她又不由自主地投入华光II型系统的调试工作。

王选也没能实现自己的诺言。他身为研究室主任,很快就被潮水般的工作所淹没了。关照妻子的诺言,成了一句甜蜜的空话。他没有忘掉病弱的妻子,但他也必须为处境艰险的激光照排系统全力拼搏。王选不得不怀着内疚的心情,夜以继日地投入了华光II型系统的逻辑设计和繁琐的微程序编制工作。

→ 纳入了国家规划!

★★★★★

就在王选和他的伙伴们为华光II型机而日夜奔忙时,北大与协作单位之间,出现了一系列矛盾,有的还很严重。如潍坊计算机厂的个别领导人竟突然决定下马转产!原来,厂家见生产出样机后仍迟迟不能投入商品性生产,对华光机的前景丧失了信心,决定终止合作。这可把王选急坏了!怎么办?现在再说前景如何辉煌是没用的,除非北大能拿出大笔资金来，这在当时是根本不可能的事情。

在这危急关头，国家经委为王选解了围。

1982年9月，为了改变我国印刷出版技术落后的现状，国家经委从五个中央部委抽调领导干部，成立了"国家经委印刷技术装备小组"，由范慕韩担任组长。在讨论发展规划时，电子部的张淞芝向大家介绍了北大的"748工程——汉字激光照排系统"。推荐将北大纳入全国印刷规划。王选还专程到中南海向范慕韩汇报了北大研制汉字激光照排系统的现状，得到范慕韩的信任和表扬。当时，有些单位认为华光型样机在稳定性、实用性上还存在不少问题，离稳定、成熟的商品还有很大的距离。对今后能不能投入使用，持怀疑态度。范慕韩亲自到北大考察后，力排众议，坚决主张把北大激光照排系统列入国家规划！小组最后确定了"激光照排，电子分色，多色胶印，装订联动"的十六字方针。1983年5月，由国家经委、国家计委正式下达文件将上述方案作为专项补充，列入国家"六五"计划。"激光照排"被纳入国家规划！北大领导、王选夫妇及科技人员都高兴极了。要知道，随着规划方案的出台，科研经费、中间实验费、技术改造费也都跟着划拨下来，各协作单位及参加试用的第一用户的积极性都大大提高，北大的"748工程"形势发生了重大转折。

北大激光照排系统从1975年至1995年的二十年间共获得1000万元的拨款。王选说，没有国家的资金支持，华光机和北大方正的命运就很难预料了。

由于所有的协作单位都稳住了阵脚，华光机的研制速度大大加快了。它身上的小规模集成电路都被中型或大规模集成电路及微处理机取而代之。

1983年夏天，华光Ⅱ型系统研制成功。这年10月，国际中文信息研讨会在北京召开，钱伟长教授是大会主持人。王选被安排在第一天的上午做报告。听众反映十分强烈。

英国迅达公司技术负责人派力肯说："你的工作是集体性出色的工作。北大可以为此感到骄傲！"

"最好的报告！""完美的、激动人心的！""印象深刻！"……赞美之词不绝于耳。

华光Ⅱ型系统在展览会上刚一亮相，就被新华社大胆采用了。当时的时间是1984年初。

华光系统第一次进入试用状态，王选心里又兴奋又紧张。华光Ⅱ型系统每天要处理 14 万多字的新闻稿，新闻稿时间性极强，邮车每天清晨都准时来取稿，不能有丝毫延误。有的科技人员流露出紧张的心情：华光 II 型系统能经受住这样严峻的考验吗？

王选信心十足地跟助手们说："华光系统一定能经受住这次考验！"

→ 汉字印刷术的第二次腾飞

☆☆☆☆☆

尽管新华社决定试用华光 II 型系统的消息给王选带来不少喜悦和欣慰，但是，1984 年的形势依然是十分严峻的！

国内的电脑市场上，从微机到大、中型计算机，几乎全是进口货。数十种国产计算机产品静静地躺在仓库里无人问津。外国计算机设备仍然潮水般地涌向中国海关，大有一举冲垮中国电脑工业的势头！

有人断言：进口是阻止不住的。深圳、广东等地的厂商与外商结合，引进先进设备之后，华光系统肯定得完蛋！

有人讲得更具体、更吓人：1984 年 10 月，将会是王选激光照排系统——华光机正式垮台的日子。

他们的断言并不都是无稽之谈。这年 10 月确实要在北京举办国际印刷设备展览会。很多国家的先进设备都将来华参展。不少人认为，到了那时，五花八门的外国先进印刷设备会一举闯入中国市场，华光系统将无立锥之地，只能彻底瓦解。

自信归自信，但对进口设备的威胁也不能掉以轻心。

正当王选为迎接国际同行的挑战而日夜奔忙时，国内却不断传来令人沮丧的消息。最让王选伤心的是他在一家中央级大报社召集的专家论证会上遭到惨败！

该报自1983年就考虑引进激光照排设备，以实现编辑排版现代化。它在1984年召集了专家论证会。专家们争论的焦点是要不要引进国外激光照排设备。

主张引进的意见，在论证会一开始就占了优势。他们认为该报是党中央的喉舌，是中国影响最大、发行量最高的综合性报纸，照排系统的任何差错都会引起严重后果。而国产照排系统至今不过是样机和展品，能否达到真正实用的水平，现在还很难预料，即便研制出来也还有个继续改进和完善的过程，无法与先进的英美电脑公司所生产的照排系统相匹敌。

王选副教授极力主张选用华光系统。他引用一系列数据表明华光系统的优越性，但仍未能扭转论证会的倾向。会上只有一位新华社的专家傅宗英支持国产系统，当时，大多数专家的心理负担都很重。他们在没有见到实用样机之前，很难相信华光系统真的能在激光照排领域里创造出超过美国的奇迹。

◁ 1985年，新华社印刷厂的试验车间里，王选（右一）向周培源（左二）、卢嘉锡（右三）、黄辛白（左一）等领导和专家介绍华光Ⅱ型系统运行情况

而且有人认为王选是在进行"王婆卖瓜"式的自我吹嘘。

华光系统在大报的论证会上遭到惨败之后，人们普遍担心由此引发的连锁反应会彻底葬送华光照排系统的前程。社会上的凶险预言更是甚嚣尘上，王选的处境十分险恶。

王选为了稳住阵脚，他冷静地向伙伴们分析了当前的形势。他断言：华光系统在最关键的技术上处于世界领先地位，因而具有强大的竞争力，凶险的预言不会成为现实。现在，最要紧的是使华光系统尽快达到可靠的实用水平。

新华社能否用华光Ⅱ型照排系统顺利排出日刊，已成为决定华光系统成败的关键一仗。

北大的信息研究室自不必说。潍坊电子计算机厂、杭州通讯设备厂及长春光机所等协作单位都怀着强烈的危机感参加了大决战。大家针对华光系统在新华社排版的实验运行中暴露出来的具体技术问题，逐一研究解决。

陈堃銶忍受着伤口的疼痛，拖着手术后尚未复原的虚弱身子，坚持上机调试，亲自主持解决系统联调和实用过程中软件可能发生的各种隐患。

研究室及协作厂的科技人员都全力以赴地扑到了华光系统上。

经过半年艰苦卓绝的努力，华光系统的可靠性大大提高了。研制人员的士气又高涨起来。

1984 年底，王选在电子工业部主持召开的制定"七五"规划会议上郑重宣布：明年 2 月 1 日，如果华光Ⅱ型系统还不能在新华社排出日刊，我们自动放弃"七五"攻关经费。

他讲到这里，用力挥了挥手，大声喊道："统统不要，分文不取！"

当时，全场鸦雀无声。在全体与会者中，他的发言是最有气派、口气最强硬的一个。

1984 年夏天，鉴于王选在华光系统上的突出贡献，他被提升为北京大学教授，并被命名为北京市劳动模范。

历史进入了 1985 年。王选从事汉字照排系统的研制，已经进入第十个年头。最初的"全电子式照排系统"就是他十年前趴在床头上写出来的。神秘的激光照排系统已经从纸上谈兵变成了实实在在的华光照排系统，而且已经从样品进展到实用Ⅱ型。

当 1985 年元旦的钟声已经在人们耳边消失，华光Ⅱ型系统仍在新华社经受着实践的考验。尽管王选对系统充满了信心，他还是在大年初二赶到新华社值班，了解系统的运行情况，以防发生意外的故障。

同年2月1日，新华社用华光Ⅱ型计算机——激光汉字编辑排版系统连续运行，排印出《新华社新闻稿》日刊和《前进报》旬报。华光Ⅱ型系统果然神通广大，它不但能支持4台组版终端，还能同时校改文稿，仅用几个人就能完成每天14万字的日刊任务。从这天起，经过三个月的连续运行，共排印了88期新闻稿，12期《前进报》，一举突破1000万字大关！

1985年4月，华光Ⅱ型系统作为中国电子产品的代表，参加了日本筑波万国科技博览会，赢得一片赞赏。

1985年5月，中国计算机界、新闻界和出版界一百多名专家，出席了国家经委主持的鉴定会。范慕韩亲临会场。他为主持召开这次大会，花费了不少心血。专家们对华光Ⅱ型计算机——激光汉字编辑排版系统进行了严格的测试和审查之后，郑重宣布：华光Ⅱ型编排系统是我国研制成功的一项具有国际先进水平的重大科研项目。

这次鉴定会，使国产激光照排系统在实用化道路上迈出了关键的一大步，它开创了我国的印刷技术发展史上的新纪元。

我国各大报刊都报道了这一重大新闻，并宣布华光Ⅱ型系统即将投入批量生产。

王选看到这则喜讯，脸上露出了欣慰的笑容。

这位身材修长清瘦、在宽阔的前额后面蕴藏着无穷智慧的中年男子，经过十年多的拼搏，不仅战胜了三番五次纠缠他的死神，而且初步实现了他十年前在北大未名湖畔产生的梦想，实现了汉字印刷术的第二次腾飞。

他掀开了中国印刷史上最神奇的一页，他使中华民族的古老印刷术在短短的十年间就跨越了几十年乃至数百年的历史。

鉴定会之后，为汉字印刷术的第二次腾飞立下不朽功勋的王选和陈堃銶双双被评为有重大贡献的先进个人。

中共中央政治局委员胡乔木亲自接见了这对由新中国培养出来的科技英才，同时被接见的还有北大的李新章和潍坊计算机公司的向阳同志。

那些耸人听闻、喧嚣一时的凶险预言——破产了。华光系统不但没垮台，而且在中华大地上牢牢地站稳了脚跟。

→ 华光Ⅲ型机问世

☆☆☆☆☆

华光Ⅱ型系统问世之后,《北京日报》和《中国电子报》先后发表了《科研战线的"中国女排"》及《锲而不舍,众志成城》等长篇通讯,详尽地报道了华光Ⅱ型系统诞生的艰苦历程。王选成了风云一时的新闻人物。赞美之词像五彩缤纷的花瓣儿,从四面八方的大小报刊上飘向王选和他所领导的研究室。

接着又传来一个喜讯:华光Ⅱ型系统被评为1985年中国十大科技成就之一!

在一片赞美声中,王选却以十分苛刻的目光对华光Ⅱ型系统进行挑剔:体积大,外观不秀气;主机硬盘对机房的要求过高,太娇气;软件要进一步改进提高,它还应付不了对开大报版面复杂的科技版;滚筒式激光照排机也不过硬,有时还出毛病;用户也太少了,全国只有五家,那怎么行!

王选冷静地宣布:如果把华光Ⅰ型系统的样机成果视为零的话,那么华光Ⅱ型系统只不过是一朵小花儿,结了一个小小的果子!

于是,他和伙伴们又马不停蹄地发起新的攻坚战——发展小型化的华光Ⅱ型系统,进一步提高系统稳定性和可靠性,提高排版软件的功能。

王选分秒必争。平时没有节假日不说,就连中国人最重视的春节,他都无暇欢度,忙于创新。我们仅举以下四个春节为例:

1984年春节:他完成了华光系统的主机与转镜式照排机接口的微程序设计。

1985年春节:王选初步完成了华光Ⅲ型系统专用的超

093
中华之光

大规模集成芯片的逻辑设计。这项高水平设计后来获中国专利金奖。

1986年春节：王选因在山东潍坊计算机厂劳累过度，患肺炎，高烧39℃，在病床上打点滴度过了春节。

1987年春节：王选在完成华光Ⅲ型机微程序设计的同时，还巧妙地构思了空心、旋转、勾边等一系列美观新颖的字体设计方案。

春节期间，大家都休息，干扰最少，这段时间成了王选工作效率最高的工作日。华光系统中很多技术难关都是他在春节期间突破的，一些难度最大的设计方案，也都是在这时完成的。

1985年11月，华光Ⅱ型系统通过鉴定不过才半年的时间，潍坊计算机公司在北大的支持下，向用户提供了第一套华光Ⅲ型系统。

跟华光Ⅱ型系统相比，华光Ⅲ型系统不仅体积小，外观小巧漂亮，而且在技术指标和功能方面都有了明显的提高。价格也大幅度下降，朝小型化、实用化和商品化方向又迈出了一大步。华光Ⅲ型推出后，不到两年的工夫，就在我国新闻出版及印刷系统售出四十套华光Ⅲ型计算机——汉字激光编辑排版系统。

用户的反映很好。尤其是Ⅲ型系统所配备的科技排版软件，在科技界和出版界赢得一片赞誉声。

在我国众多的出版物中，科技书刊、杂志及学术论文占有相当大的比例。但由于原来排版印刷技术落后，1984年应该出版但直到1986年仍未能出版的书就有3826种之多！1985年应该出版而未能出版的达5242种之多，其中大部分是科技书。由此可见，落后的排版技术已经严重地影响了我国科学技术的发展。

华光Ⅲ型系统是我国第一个实用科技排版软件，它的推出，犹如雪中送炭，为我国出版界解了燃眉之急！

华光Ⅲ型系统不但在国内出版界立了大功，它还为日本出版界帮了一次不小的忙。

1985年，日本有家出版社计划出版一本日、英、汉技术大辞典。由于这部书涉及三国文字，又是多达5000页的大16开巨著，技术上难度很大。这家出版商在日本国多方奔走，就是找不到敢于承担的厂家，心里十分焦急。在万般无奈的情况下，他们试探着与我国国防工业出版社联系，希望能合作出书。我国国防工业出版社联系了不少厂家和出版社，结果都因排版费用高昂，而且不能保证出版时间而告吹。最后，找到了陈堃銶和王选。

王选当即回复：可以用华光系统排版。

当日方听说中国要用电脑照排机排版时，连连摇头："不可能。我们日本国的几家著名的大电脑公司都排不了，你们中国能用电脑排三国文字的书？这是根本不可能的事情！"

国防工业出版社有人把日方的态度反馈回来。

王选一听就火了："怎么不可能？这回请他们看看华光系统的本事吧！"

1986年2月29日，华光系统一举排出漂亮的清样。

日方技术人员接到清样之后，怎么也不相信这是用电脑照排的。他们把底片要去，用放大镜仔细观察之后连连点头认可。

当他们得知版面上的页码是自动生成的，书眉也是由华光系统抽取词条自动形成的时候，他们更是惊讶万分！

华光Ⅲ型系统的神通确实比Ⅱ型系统大多了。它不但能排大小报刊和辞典，还能排那些带有复杂数学公式、化学方程式及各种表格的科技书刊。

1985年10月，华光Ⅲ型系统获得全国首届发明协会颁发的发明奖。

▷ 王选获联合国教科文组织科学奖

1986 年又荣获北京地区电子和信息应用系统一等奖。接着，又在全国计算机应用展览会上荣获一等奖。

1989 年 6 月 4 日，华光Ⅲ型系统参加第 14 届日内瓦国际发明展览会，又为中华人民共和国捧回一枚金牌！

华光Ⅲ型系统问世之后，不仅为祖国、为民族增了光，而且产生了巨大的经济效益。现在让事实来说话：

一个年排字量达 5000 万字的中型印刷厂，只要有一套华光照排系统就能承担起来。排版车间的面积还可以从原来的几千平方米缩小到几百平方米。原来 200—300 名工人的工作量，现在只需 20—30 人就能轻而易举地完成。

北京印刷三厂购置华光系统之后，日排字量达 20—25 万字，年产值 55 万元，年利润约 24 万元。难怪有那么多人为华光系统唱赞歌。

在华光Ⅲ型系统的攻坚战中，北大汉字信息研究室的年轻一代科研人员，在实践中崭露头角。他们在研制数学版、化学版的软件过程中，都做出了引人注目的贡献。青年讲师、博士生郑民就是其中突出的代表人物。

对此，王选特别高兴。他说："我们研究室里年轻一代的崛起，比华光系统本身的成果更令人欣慰！"

→ 永别了，铅排工艺！

★★★★★

早在 1985 年夏天，当华光Ⅱ型系统已经在国内应用的时候，王选听到一个消息：《人民日报》已经和美国 HTS 公司签订了引进 HTS 照排系统的合同。

"一套 HTS 系统要多少钱？"王选问。

"420 万美元。"

王选沉思了几秒钟，当即宣布："我们华光系统售价只及这个价码的八分之一。而且我们要先出报纸！"

华光系统要比美国货便宜八分之七，还要比 HTS 系统抢先出报？！

王选的话到底是豪言还是狂言？人们议论纷纷，有喝彩叫好的，也有惊愕摇头的。

不错，活字印刷术是中国人发明的。但是，世界上第一台电子计算机（ENIAC）可是美国人研制成功的。美国的电子工业水平是人所共知的，旧金山的"硅谷"更是举世闻名。美国的计算机人均占有量居世界第一位。王选竟然向 HTS 公司挑战，是不是太狂了点儿？

王选可不是那类知识浅薄的狂妄分子。别看华光系统的声誉日渐显赫，金牌、奖状纷至沓来，但他从未被这些荣誉冲昏头脑。他对 HTS 公司的挑战是出于他对世界照排技术的透彻了解和对华光系统的自信。

用激光照排系统输出整页中文报纸，在世界上还没有先例。日本及欧美各国当时都在加紧研制，但没有一家获得成功。而"华光"，马上就要把输出对开的日报变成现实。王选认为华光系统的技术条件已经成熟，但需要一个实践的机会，以便进一步开发和完善华光系统编排大报的功能。

大报跟一般书刊可不一样。它的日发行量高达几十万份，万一卡了壳——哪怕只延误一天，也会引起读者的骚动，谁敢轻易上华光系统？谁敢担如此巨大的风险？

"我们第一个上'华光'！"首都报业中，第一个自告奋勇站出来装备华光系统的勇士，是《经济日报》印刷厂厂长夏天俊！

这位记者出身的老厂长虽已年过半百，却富有改革开放的精神。他对华光系统的前景深信不疑。他决心用华光系统把地处北京王府井闹市的原始铅排印刷厂改造成全国报界最先进的照排印刷厂。一举改变厂房拥挤、技术落后、污染严重的现状。

1987 年初，《经济日报》印刷厂购进两套华光Ⅲ型照排系统，先后安装调试完毕。

夏天俊是位颇有心计的厂长。当华光系统已经安装调试完毕之后，他仍然保留着全套铅排工艺，以防万一。

1987年5月22日，在北京，在《经济日报》印刷厂激光照排车间里诞生了世界上第一张整页输出的中文报纸！

在明亮的照排车间里，你听不见铸字机单调乏味的声响和印刷机的隆隆轰鸣声。你也看不见毒雾弥漫的熔铅炉及乌黑的排字架。年轻俊俏的姑娘身穿雪白的罩衫，坐在显示屏幕的前面，轻巧地按动键盘，以每秒钟130—150个字的速度把文稿输入电脑，再由组版员组版。她在转瞬间就把标题和正文安排妥帖，组成漂亮的版面。如果对已经组好的版面不满意，可以通过键盘随意增删修改，直到满意为止。把组好的版面输入激光照排系统的主机，即可输出一张跟报纸版面一模一样的胶片。把胶片送到制版车间就能制成PS版或树脂版，置入印刷机之后即可大量印刷了。

啊，紧张而又繁琐的排版出报过程竟变得如此轻松愉快！如果不是亲眼所见，简直令人难以置信！

报社工作人员和印刷工人都被这种神奇的新技术陶醉了。

不料，好景不长！华光报纸排版系统仿佛要存心跟人们捣捣乱才开心似的，开机后没几天，连续发生了好几起事故。有时，屏幕上只能排出半个版，剩下的一半，千呼万唤不露面。有时，改版时已经抹掉的字，却不甘心退出屏幕的舞台，竟在意想不到的地方突然冒了出来！弄得编辑和排版姑娘们哭笑不得。有一回，在补救版面时，险些误了出报！

几天之内频频出现故障，使总编和副总编们都沉不住气了。这也难怪，发行量高达50万份，在国内外有着广泛影响的全国性大报，连续发生差错，海内外读者会怎么看？他们可不知道《经济日报》正在搞激光照排。他们会指着报纸骂总编、骂编辑、骂记者，说他们是不通文理的大草包！

"实验可以用小报继续搞，但不能拿《经济日报》的声誉冒险！"

应该说，报社领导的意见是合乎情理的。

副总编向夏天俊传达了编委的决定：激光照排必须在6月3日下马！

夏天俊接到通知，不由怔住了。他完全理解报社领导和编辑们的心情。平日，文稿中出现一个错别字，他们都会羞愧难当，更不要说出现错句、误时等严重的差错了！

但是，他也相信那些把毕生精力贡献给汉字激光照排系统的人，有能力排除这些故障。他相信汉字印刷术的革命是历史的必然。他火速把情况告诉了王选和潍坊计算机公司等协作厂。

经委印刷厂装备协调小组副组长沈忠康召集各单位科技人员开了紧急会议，仔细研究了发生故障的原因，对华光系统进行了"会诊"，认为所有故障都可以排除！

夏天俊心里有了底，当即给报社编委立下了军令状：15天内保证消灭故障。若再发生故障，甘愿下马！

编委会欣然接受了厂长的军令状。

半个月之后，华光系统在运行中所出现的故障果然被一一排除。《经济日报》的印刷质量和经济效益也实现了一次令国人瞩目的腾飞。

请仔细看看当时的《经济日报》吧！报纸标题字字体之多，居全国之冠。粗的、细的、高的、矮的、空心的、网纹的、立体的、勾白边的、加黑框的，丰富多彩，赏心悦目。排版软件还可以提供上百种花边，上千种网纹图案，编辑排版人员可以随意选用。

一时间，《经济日报》的版面成了全国最漂亮、最富于变化的版面。它宛如一朵芳姿百态的奇花异卉，傲然挺立在报刊丛林之中。

《经济日报》的时效更是惊人。1987年10月，中国共产党第十三次代表大会的工作报告，全文达3.4万多字。各大报社在收到新华社电讯稿之后，即使分秒不误立即召集一批最熟练的印刷工人，也得苦战三四个小时才能完成排版任务。只有《经济日报》，借助汉字激光照排系统的威力，在收到电讯稿之后，仅仅用了20分钟就在照排车间完成全部排版任务！

厂房占地面积也大大缩小。过去拥挤不堪的厂房，现在绰绰有余。劳动生产率更是今非昔比。原来铅排作业的夜班需要35人，现在呢，照排车间只需一人排字，一人拼版。两套班子才4个人，再加上一名领班，总共5个人就够了。

别看《经济日报》用激光汉字编辑排版系统出报已成为铁

的事实，但是有的人就是不相信，认为这不过是"天方夜谭"式的神话传说。

1987年底的一天，王选正在报社印刷厂准备国家验收的具体工作，忽然接到一个电话，从电话中得知：美国某中文电脑公司的技术负责人说什么也不相信中国人研制的照排系统真的能出日报，而且是整页输出。他非要到《经济日报》印刷厂亲眼看看华光系统。

王选陪同这位颇有名气的中文电脑专家参观了照排车间。从输入文稿、拼版、排版、改版直到出清样，统统都看到了。最后又看了胶片，这才连连点头，深信不疑。

这位专家说："了不起！台湾、日本也有用照排机排版的，但都做不到屏幕组版，更做不到整版输出。只能出毛条，再用毛条拼版。他们也不能排大标题。标题字得用人工剪贴好，再用手动照排机把剪贴好的标题补上去。"

当他得知《经济日报》印刷厂除了出日报，还承担了几十种报刊的编排任务，异常兴奋地说："我很希望能同你们合作，在美国代销华光系统。"

1987年12月2日，在《经济日报》印刷厂，华光Ⅲ型计算机——激光汉字编辑排版系统顺利通过了国家验收。

鉴定书是这样写的："系统与铅排工艺相比，提高劳动效率5倍以上，大大缩短了出版周期，改善了工人劳动条件，消除了铅污染，甩掉了铅作业，这是报纸印刷工艺向现代化迈进的一项重大改革。《经济日报》是世界上第一家采用计算机激光屏幕组版、整版输出的中文日报。"

参加鉴定会的专家们，在印报的现场，怀着激动和自豪的心情在鉴定书上签了名。

中共中央政治局派人专程前往祝贺。

1988年7月，《经济日报》印刷厂又爆出一条轰动全国的新闻：印刷厂卖掉了铅字，全部废除了铅排作业，成为中国第一个甩掉铅字的印刷厂。

印刷厂的工人们发出了由衷的欢呼：

"永别了，熔铅炉、铸字机！"

"永别了，讨厌的铅污染和乌黑的铅排车间！"

"永别了，古老的铅排工艺！"

尽管这也是一场离别，但这里没有怀故的伤感，没有别旧的恋情。人们欢呼着告别了铅与火的时代，欢笑着跨入电与光的时代。

由王选引发的汉字印刷术第二次革命，不但给人们带来了精神上的欢乐，也带来了明显的经济效益。我们仍以《经济日报》印刷厂为例：

印刷厂自 1988 年装备华光机之后，每天输出成品 50 万字，清样 200 万字。与此同时还承担着 33 种报纸、11 种期刊的编排任务。与同等任务的铅作业相比，可减少厂房面积 68%，用人减少 60%，成本下降 27%，年利润达 200 万元。

1989 年的日排字量达 80 万字，年产值达 700 万元，年利润 250 万元，人均利润突破了万元大关。

1987 年，华光Ⅲ型计算机荣获国家科技进步一等奖。王选荣获首届毕昇奖。

→ 让美国机器起死回生

★ ★ ★ ★ ★

1987 年 5 月 22 日，当华光Ⅲ型报纸编排系统排印出世界上第一张清晰、漂亮的《经济日报》时，由《人民日报》投资 430 万美元，从美国 HTS 公司进口的两套精密照排系统也进入最后的安装调试阶段。

王选在 1985 年曾夸下海口：华光系统一定要抢在美国 HTS 系统之前出日报。二是华光系统的价格只用美国 HTS 的八分之一！

两年之后，王选提出的这两条都变成了现实。

华光系统已经印出漂亮的《经济日报》，这点无可争议。

至于华光系统的价格，比王选原来估计的还要便宜：

两套华光系统加上组版终端及录入机等设备，总共 180 万元人民币。价格仅仅是两套 HTS 系统的十五分之一！

华光系统与 HTS 系统的差距还远不止这些。

按合同规定，HTS 照排系统应该在 1987 年底正式出报。即使合同能兑现，出报时间也比华光晚了半年多。

到了 1987 年 12 月，华光系统已经在《经济日报》连续、稳定地运行了半年，并正式通过了国家验收。但 HTS 公司的设备仍然出不了报纸。

1988 年夏天，《人民日报》社用 HTS 系统出了一版报纸，发现该系统使用起来很不方便，而且故障频频发生，常常死机。时效也非常差，它要求编辑人员必须提前两天交稿，这对日报来说，根本是无法接受的苛求。尽管美方技术人员做了不少努力，但没有效果，直到 1988 年底，还是出不了报纸。

无奈，HTS 公司只得派人找到北京大学，要求购买华光系统的专利技术和设备，以便把趴在《人民日报》社的 HTS 照排系统救活。文质彬彬的王选教授张开手掌，用惊人的高价把来人吓跑了。

当时有人问王选："干吗要这么高的价？"

王选狡黠地笑了："我们中国自家的事，何必转手外国人！"

《人民日报》的 HTS 系统的出报日期一拖再拖，使该公司大丢面子，生意也受到很大影响。因为中国的头号大报社引进 HTS 公司产品的消息早已传遍全球。有四个国家的华文报纸正翘首观望。只要 HTS 系统印出第一张《人民日报》，这些华文报纸马上就与 HTS 公司签约订货。如果迟迟出不了报纸，订货自然会告吹。

HTS 照排系统的卡壳，也给《人民日报》带来严重的后果。报社的记者及干部职工对此议论纷纷，很有意见。《人民日报》的领导忙请王选帮忙解围。

王选欣然允诺。他亲自带领研究室的宋再生、王列、肖建国、王会民等技术骨干去人民日报社，对美国 HTS 公司的设备进行了全面的剖析。

剖析的结果是：不论总体设计及核心技术的水平，还是软件的排报功能，HTS 系统都比华光系统落后两年以上。

报社领导提出他们最关心的问题："有没有救活的希望？"

王选点了点头："可以用华光技术救活 HTS 系统的大部分设备。"

一小时之后，这一喜讯就在报社传开来了。报社的上上下下这才松了一口气。

报社的领导决定与 HTS 公司终止合同。

但 HTS 公司仍不甘心失败。1989 年 1 月 20 日，公司总裁带着两个新研制出来的软件，亲自来华解决技术故障。

他到达报社后，胸有成竹地说："先不谈判，先试机。"

众目睽睽之下，HTS 公司的工作人员信心十足地把第一个软件装入系统。不料，一开机就变成了"死机"！

他们怔了一下，又把第二个软件换上去。谁知仅仅坚持了几秒钟，也变成了"死机"！

他们又手忙脚乱地按动键盘，但机器毫无反应。他们关上机器强作镇静地说："没关系……还有两个新研制出来的软件。我已经让他们用快件邮寄北京。"

一天之后，公司果然又寄来两个软件。

第二次试机。又出现了一个"死机"！

总裁摇了摇头，他们装上了最后一个软件。这个软件尚可勉强运行，但效率太低，排版超时十分严重，无法投入使用。

总裁怀着沉重的心情颓丧地说："我回国后就辞职。今后，地球上不会再有 HTS 公司存在了……"

HTS 公司的失败，在全世界电脑行业中引起了巨大的反响。一些外国电脑公司纷纷宣布：在汉字激光照排领域中，我们放弃与中国人竞争的机会。

美国的 HTS 公司的中文激光照排系统就这样悄悄地从中国大地上消失了……

1989 年 3 月 31 日，北京大学陈佳洱副校长和《人民日报》秘书长保育钧同志签订了合作协议。确定由北大负责《人民日报》HTS 系统的改造工程。在签字仪式上，国务院重大装备办公室李守仁主任说："做一件漂亮的新衣服自然是难的，但要把一件差的旧衣服改造成一件好的衣服则更难，技师得有更高的水平……"

北大的科研人员不负众望，经过几个月的苦战，终于用华光系统把 HTS 公司的设备改造完毕。1989 年 8 月，《人民日报》用国产激光照排设备排印出报纸。由于华光系统好学好用，报社的编辑们亲自上机组版，开创了我国新闻界编辑直接操纵计算机组版的先例。

通过一系列大手术之后，HTS系统终于获得了生机。它的效率比原先提高了二十多倍！

➡ 为祖国争光

☆☆☆☆☆

自1987年起，华光系统开始在国际招标中大显神通，屡屡中标。

1987年，世界银行向我国二十多所高等院校发放数百万美元的贷款，协助它们购置激光照排系统，改变学校印刷厂面貌，缩短高等院校教材的出版周期。

为了使贷款发挥最佳经济效益，世界银行决定采用国际招标的办法择优选购激光照排系统。

世界各大电脑公司为了争得这笔巨额交易，乘机进军中国市场，都争先恐后地购买了标书。如英国的蒙纳公司、日本的森泽公司和写研公司等十多家电脑公司都参加了投标。

我国也有五家（包括华光系统）积极参与了投标。

结果，由于华光系统的性能优异、价格低廉，连连中标！

第一标是在1988年初揭晓。华光系统有1套中标。

第二标是在1989年初揭晓。华光系统有6套中标。

第三标是在1989年8月揭晓的，华光系统又有17套中标！

在这次国际招标中，华光系统以绝对优势取胜，使得这次贷款大项中，国内中标款项占到49%。这在国际招标中可以说是前所未有的。

HTS 公司总裁的黯然离京，华光系统在国际招标中连中三标，这一切都显示出国产汉字激光照排系统在国内外市场上的强大竞争力。

1987 年，王选利用春节的休假日完成了华光Ⅳ型系统核心硬件的功能扩充设计。

1988 年，华光Ⅳ型投入批量生产。由于采用了两块专用的超大规模集成芯片，性能比Ⅲ型优越得多，外观也更加美观秀丽。在一次订货会上，仅三天就成交 2000 多万元。一年签订了 200 多套合同，成交额超过 7000 万元！

北京地区的绝大多数日报、全国绝大部分省级报社及一部分市级报社都订购了华光Ⅳ型系统。中宣部提出在 1990 年，省级报社要基本普及激光照排的规划已经完成。1989 年的订货款额已突破 1 亿元大关，达到 1.2 亿元以上。

汉字印刷术第二次腾飞的局面正波澜壮阔地向全国扩展。

美国和台湾的两家大电脑公司参观了北京海淀区中关村电子一条街之后认为，华光Ⅳ型是最具有出口潜力的产品。

香港有好几家公司也要求合作，愿在国外代销华光系统。华光系统很快就在台湾、香港、澳门、新加坡等地都有了立足点。

1988 年 12 月 15 日，全国报协技术进步委员会和北京大学新技术公司，在北京联合举办了一次盛况空前的"北大华光电子出版系统技术汇报会"。

除了国家有关部门的负责人之外，还有来自全国 50 多家报社、20 多家出版社印刷厂，以及北京、港澳、珠海等地区的 400 多名代表，大家欢聚一堂，兴致勃勃地观看了国产精密照排系统、大屏幕报刊编排系统、普及型报刊组版系统及高档轻印刷系统等 18 个华光系列产品，以及 40 多台机器设备的现场操作表演。

庞大的国产汉字激光照排系统，以它们非凡的功能、精美的造型和高超的技术水准，激起一阵阵赞叹声和喝彩声。

王选教授以国产激光照排系统创始人及国家级有突出贡献的中青年专家的身份登上主席台，向代表们做了精彩的报告。

主席台上坐着一位满头银发、面带微笑的长者。他用慈祥和赞赏的目光注视着王选。他的两眼几度潮润，几度闪光。他就是北京大学老校长、全国政协副主席周培源先生。

他几乎目睹了王选的成长历程。

34 年前，当王选身穿蓝布衣衫，脚蹬家里自制的圆口布鞋，兜里装着北大新生录取通知书，兴奋地跨过未名湖上的白石桥时，有谁能料到他将成为二十世纪八十年代的科技明星呢？

12 年前，当王选趴在病床上用潦草的字迹写出第一张 "全电子照排系统初步方案" 手稿时，又有谁能料到他即将成为引发汉字第二次印刷术腾飞的风云人物呢？

王选以他一系列天才发明，结束了中华民族在汉字印刷术上长期停滞状态，为推进中国的信息革命立下了不朽的功勋。

值得这位老校长自豪的是，这颗升自北大未名湖畔的科技明星，没有辜负祖国和人民的期望，没有辜负师长的期望，十多年如一日地顽强拼搏，终于使汉字激光照排系统闪耀着中华民族智慧之光，昂首走向全国、走向全世界，为祖国、为中华民族赢得了非凡的荣誉……

老校长的沉思被一阵暴风雨般的掌声打断了。王选的报告受到了热烈的欢迎。这原是周先生早就料到了的。他环视了一下沸腾的会场，用慈爱的目光目送着自己的学生走下讲台。

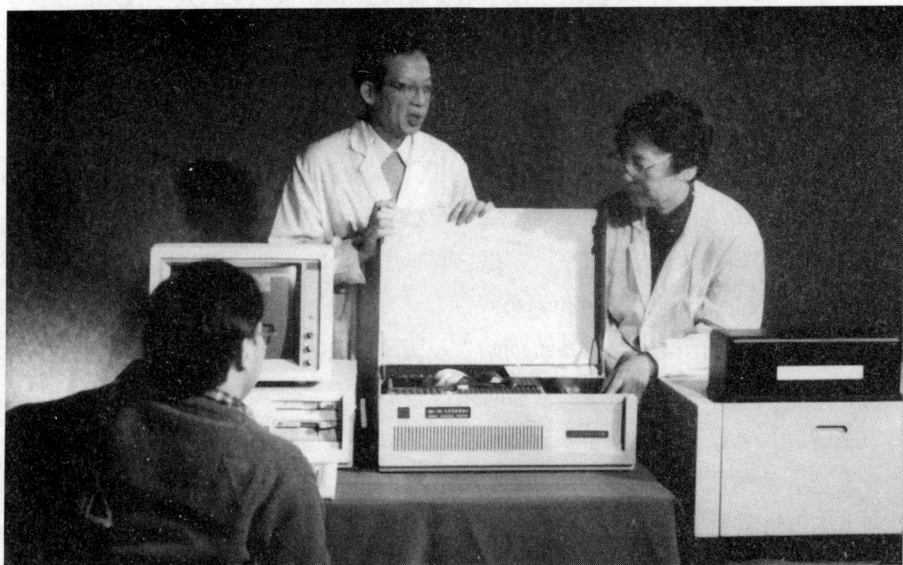

△ 王选与同事讨论激光照排IV型系统技术问题

辉煌的方正系统

→ 驰名中外的"北大方正"

★★★★★

在北京大学创办高新技术产业,是王选的一大心愿。早在 1984 年春,丁石孙校长刚刚上任,他们在校园里谈起"748 工程"状况时,王选就建议学校成立自己的高科技开发公司,加速产业化进程。丁校长很重视,他亲自主持召开了一次校务委员会扩大会,专题讨论了王选的建议。王选的长篇发言打消了不少干部的顾虑。1985 年初,"北京大学科技开发公司"成立。花文廷(北大党委常委、副教务长)兼任公司主任,楼滨龙(无线电系高级工程师)任总经理。

公司是成立了,资金却还没有着落。王选从科研经费中抽出 10 万元作为公司的启动资金,同时还确定由公司承接研究所的字模制作任务,使公司获得第一桶劳务酬金。但公司仍不能从事生产活动。不经国家经委同意,北大是不能从协作厂家拿到激光照排控制器生产任务的。照排控制器是华光系统的核心部件,一直由协作厂独家生产。随着时间的推移,厂家不仅跟北大研究所产生了矛盾,厂家在供货时间及商品质量上也同销售单位发生了一系列矛盾。

1988 年 1 月,国家经委印刷装备协调小组副组长沈忠康来到北大,找王选商量如何打破独家生产的模式。

△ 1991年，王选陪同著名科学家、诺贝尔奖获得者李政道（右二）参观方正产品

　　王选一听就乐了：我正要为这事找您呢！王选夫妇利用共进晚餐的时间，用事实和数据说话，力推北大参加照排控制器的生产。沈忠康当场就点头赞同。

　　1988年春，北大新技术公司宣告成立。唐晓阳、王永达、杨燕茹、汪岳林等优秀骨干都是这时调到公司的。北大新技术公司与王选领导的研究所连成一体之后，迅速发展成集科研、开发、商品化生产、销售、服务于一体的现代化高科技产业。这就是王选教授创立的"顶天立地"模式。顶天，就是有一批科技人员立足于世界科技发展的制高点，跟踪市场最前沿的需求，全力创新，不断拿出高水平、突破性的成果。

立地，就是另有一批人专门致力于生产、销售、推广、服务，保证科研成果的商品化。

北大新技术公司充实了一批优秀的骨干后，迅速投入到华光Ⅳ型机的生产销售。公司重新设计了汉字激光照排系统中最核心的部分——控制器。前后不到两个月的工夫，小巧秀丽、美观实用、性能高度可靠的新一代控制器就脱颖而出了。

1991年，北大用王选设计的北大新一代芯片，完成了对华光Ⅳ型的重大改进，推出了新一代电子出版系统。为了与以前研制生产的华光系统相区别，北大决定给新产品起个响亮而又富有新意的新名字。

有人说："王选是激光照排的创始人，贡献最大，干脆就叫'王选激光照排系统'。"

王选坚决反对："激光照排系统是集体智慧的产物，用我的名字不妥！"

后来，北大新技术公司领导们从上百个征名方案中选定"方正"一名。

"方正"一词，出自《汉书·晁错传》：察身而不敢诬，奉法令不容私，尽心力不敢矜，遭患难不避死，见贤不居其上，受禄不过其量，不以无能居尊显之位，自行若此，可谓方正之士矣。这是古人对品德高尚人士的理想标准。若作为北大高科技产品的品牌，不但能显示产品的高档次高品格，也能显示出公司员工方方正正做人的文化理念。

1991年3月8日下午，当王选见到用琥珀体斜排的"北大方正"四字时，感觉笔画简单明快，美观大方，当即拍板赞同。

一周后，北京大学计算机科学研究所和北大新技术公司在媒体上推出新一代电子出版系统——北大方正电子出版系统（即方正91型系统）。从此，"北大方正"就成为风行全国、驰名中外出版印刷领域的著名品牌。

1993年2月18日，北大方正集团在北京香格里拉饭店宣告成立，为方正电子出版系统展现了更加辉煌的前景。方正系统销售量直线上升。1993年，方正系统销售额已达4亿元人民币。1995年，方正集团的营业额达25亿元。1998年，北大百年校庆之际，北大方正年营业额已高达60亿元。2005年，销售收入已达245亿元。

→ 进军汉字彩色照排

★★★★★

1992 年 1 月，邓小平南巡考察珠海时，发表了著名的南方讲话。海内外各大报刊都争先恐后地做了突出的报道，同时配发了照片。但是，中文报刊上的邓小平肖像都是黑白的，唯有《澳门日报》例外，它在这天刊出的邓小平照片是彩色的！这一出色表现在中文报刊业引起了轰动。《澳门日报》那五彩缤纷的彩色版面引来多家华文报刊主编们的嫉妒目光。《澳门日报》一夜之间成了世界中文报刊中一颗耀眼的明星。

《澳门日报》为什么能一夜成名，享誉全球？原来，《澳门日报》已经购置了北大方正彩色激光照排系统，在 1 月 21 日投入生产性使用。有人或许会问：报刊上以前也出过彩色版面呀！为什么《澳门日报》彩色版面在海内外引起那么大反响？

不错，在这之前，中文报纸确实出过彩色版面，但以前采用的是传统的分色制片法。在处理彩色照片时，要用昂贵的电子分色机制成黄、蓝、红、黑四张色片，再把色片粘贴在需要彩色印刷的版面上。在拼贴那四张色片时，不能有丝毫错位，工序极其细致繁琐，又费时又费力，粘贴一个彩色版面，即使技术很熟练的人员，也得两三个小时。这对于争分夺秒的新闻出版单位，简直是一大难关。

另外，用电子分色机分色，操作起来也很复杂，它不能直接处理中文。制版前，得先把中文作为图像扫描，输入拼版系统，然后再同图像合成一体输出。能不能用新技术取代传统的分色机呢？这正是王选的梦想之一。

1989年初夏，王选在北大校园里同肖建国谈心时，鼓励他研制彩色照排系统，而且一定要走创新之路："我们不走仿制电子分色机的老路！要直接研制汉字文图合一的彩色出版系统。"

肖建国是王选的得意门生，当时，他已经成功地研制出世界上第一个大屏幕中文组版软件，产品问世后，立即成为方正畅销不衰的支柱产品之一。现在，老师又把这一开创性任务交给肖建国，自然使他很激动。但是，彩色出版系统和中文组版之间，在技术上没有相通之处，开发的难度很大。王选一眼就看出了他心中的犹豫："别担心，我做你的后盾！"

肖建国咧嘴笑了，他当即从老师手中接下新的科研任务。肖建国率年轻的助手大胆闯进汉字彩色照排领域，奋战一年多，攻克了一系列技术难关，终于研制出文图合一的汉字彩色照排系统。

1991年8月底，他们在解放军报社试用了新研制成的彩色照排系统后，9月初又试出版了《乡镇企业报》的彩色版。但此时还没有正式投入生产性使用。

1992年1月21日，《澳门日报》诞生了世界上首次用彩色图片与中文合一处理和输出的中文彩色报纸，轰动了海内外。

《澳门日报》用北大方正的彩色照排系统出一版彩板（不用分色机），只需20分钟（后来缩短到2分钟），它每天可以轻松愉快地出4—6版彩色版。

王选得知彩色照排系统在澳门首战告捷之后，他兴奋地向人们宣告：如果说，汉字激光照排系统是一场结束铅与火的印刷术革新，那么，我们还将在印刷业掀起一场令人赏心悦目的彩色革新！

果然，彩色革新浪潮的来势，比王选预料的还要汹涌。继《澳门日报》之后，香港《大公报》（1992年5月）、《新晚报》（1992年5月）、马来西亚《亚洲时报》（1992年9月）、美国《星岛日报》等都先后采用了北大方正彩色激光照排系统，天天出彩报。目前，海外已出彩报的华文报社中，绝大多数是采用北大方正彩色出版系统出版的。

国内报刊如《科技日报》、《人民日报》海外版，早在1992年就用北大方正系统出彩报了，如今，采用北大方正彩色出版系统的国内报刊已有数百家之多。有一百多家，天天出彩报。

1994年，北大计算机研究所又研制出高档彩色桌面出版系统，质量可与电子分色机相媲美，一举进入彩色画刊和彩色杂志领域！在全国报刊业掀起了一场告别电子分色机的彩色技术革新。

这场彩色革新浪潮也波及到台湾。

1994年3月，王选夫妇应邀去台湾参加一个排版技术研讨会。这类学术会议历来是很冷清的，充其量能来100余人。但这次却来了200多人！很多人是冲着当代毕昇夫妇来的。原定的会场容不下这么多人，把主持人急坏了，临时转移到一个大会场，才稳住了阵脚。王选和陈堃銶的学术报告让大家赞叹不已，会场不时响起热烈的掌声。

王选在台湾还参观了几家大报社。在中央日报社，他一眼就看出报社的电子出版系统已经落伍。他们竟然还在使用已被大陆淘汰的英国蒙纳系统！还在用电子分色机制彩版，2个小时才能出一个彩版。报社还告知，他们是用30万美元进口的传真机进行远程传版，但在美国洛杉矶还是看不到当天的《中央日报》。王选告诉他们：如果用北大方正彩色出版系统，用不了10分钟就能出一版彩版。用我们的远程传版技术，当天就能在美国洛杉矶看到《中央日报》。

当代毕昇的话，在报社引起轩然大波。北大方正很快就收到了来自台湾的订单，《中央日报》买了两套最高档的方正彩色照排系统。

王选在报刊业掀起的彩色技术革新，使地球上的中文报刊变得更加光彩夺目，美不胜收。

除了报刊业彩色技术革新之外，王选率北大方正团队还革

辉煌的方正系统

新了远程传版技术，把报纸传真机送进了历史博物馆。

上世纪八十年代末，我国报业尚无法解决异地同步出版的难题，外地读者很难看到当天的报纸。当年，我国向外地传递报纸纸型，不外空运和传真两种方式。空运太慢；用传真机传递报纸，不仅成本高，而且存在严重的失真现象，速度也并不理想。

为了解决这个难题，王选率团队开发出新的远程传版技术：以页面描述语言的形式——把报纸版面上的文、图、照片等元素，都用数学方法转换成数据，使报纸的信息量减少到原来的1/50，大大加快了传输速度。陈堃銶曾为此付出了大量心血。

1991年8月，北大与人民日报社合作，在北京与武汉之间，通过卫星实施报纸的远程传输实验，效果非常好！传输一版仅用5分钟，没有任何失真。

1992年，《人民日报》通过卫星向全国22个城市传送版面，传输一版只用2分钟！现在，我国中央级和省级报纸大都用这种方式传输版面，不但提高了报纸质量，也大幅度提高了发行量。报纸传真机被王选送进了历史博物馆。

甘为人梯

➡ 退出科研第一线

★★★★★

　　北大方正集团自 1993 年春正式成立之后，北大方正品牌犹如耀眼的明星，在海内外报刊印刷市场，叱咤风云，八面威风。就在方正品牌蒸蒸日上之时，王选向北大计算机研究所正式提出退出科研第一线的请求。

　　王选的决定在北大方正引起了不小的轰动，他德高望重，战功赫赫。他这年 56 岁，在人们印象中，他思维敏捷，健步如飞，正值盛年。为何要退出科研第一线？面对人们的困惑，王选说："在计算机这类新兴学科，技术发展和技术更新太快，年轻人具有明显的优势。55 岁以上的专家，绝对是创造的高峰期已经过去，哪里有 56 岁的权威呢？今后，衡量我贡献大小的重要标志，就是看我发现了多少年轻才俊。"他还说，"老骥伏枥"这句话，最好用"扶植新秀，甘做人梯"来实现"志在千里"的雄心壮志。这充分显示出他淡泊名利、甘为人梯的博大胸怀。

　　王选在退出科研一线的同时，提拔了三个才华横溢的青年：

　　肖建国，36 岁，任彩色图像研究室主任。

　　阳振坤，28 岁，任栅格图像研究室主任。

　　汤帜，28 岁，任电子排版研究室主任。

　　王选不但敢于提拔年轻人，他还善于抓住商机，把接班人放在风口浪尖上摔打，让他们面对最前沿的需求刺激，激发自己的创新源泉。

　　1993 年，香港实力最雄厚的《明报》高调宣布要投资上千万美元，采用国际竞标的方式，购置世界上最先进的彩色出版系统。面对巨额利润，海内外有6家公司来到香港参加投标。香港方正总裁张旋龙，奉北京方正总部之命，率队参加投标。

不料，在首次测评中，方正系统运行速度最慢，竟被评为老末！大名鼎鼎的方正系统面临被淘汰的命运，那怎么行？张旋龙急忙向王选告急！

王选闻讯立即赶到现场，很快就弄清了原因。他见到了《明报》的高层领导后，向他们保证：北人方正系统最后一定能成为最快的！王选及北大方正素以诚信著称，面对王选的保证，《明报》决定一个月后再做一次测评。

王选十分冷静，他亲自点将，从方正抽调了二十多名年轻的科研骨干（上述三名新主任一个不落），组成了攻关小组。他们本应直奔香港，但时间太紧了，根本来不及办理赴港的签证手续。王选就把攻关小组落在深圳，让张旋龙扮演穿梭大使的角色。他把《明报》的要求、方正系统的运行情况从香港传过来，再把北大方正人的改进结果从深圳传过去。

香港的第二次测评如期举行。时隔一个月的方正印刷系统，仿佛被注入了神奇的魔力，它的功能、彩印效果及运行速度，全都名列前茅！一举拿下千万元大单。

事后，有人问：王选在时间那么紧张的情况下接受挑战，是否有点冒险？万一竞标失败，岂不砸了方正的牌子？

王选笑了：我敢于接受挑战，是因为成功在握！当时，他的弟子阳振坤已经研究出提高RIP（栅格图像处理器）的新算法。汪岳林RIP硬件也即将完成。胜利中标已有很大把握。只是借助《明报》的"需求刺激"，让北大方正的年轻人集中精力，提前完成攻关任务。结果，这些青年骨干们冒着酷暑，在短短的一个多月里，连续攻克了十来个难题，提前推出了方正93系统。不仅拿下《明报》大单，而且使方正系统迅速进入港澳台、东南亚和北美等地。王选看着这些经济成果固然高兴，但更让他高兴的是，他所器重的优秀青年，在紧张的攻关实践中，出色地发扬了北大方正团队协作精神，提高了创新能力。

1994年元旦，《深圳晚报》首家采用了北大方正研制出的新闻采编流程计算机管理系统。编辑记者们高兴得心花怒放，不时发出一片欢呼声！他们从此可以甩掉纸和笔，实现了写稿、改稿、编辑、审稿、传搞、签发、组版、发排等一系列繁琐程序，全部实现了电脑化管理！

继《深圳晚报》之后，几十家国内报纸跟进，引发了国内报业"告别纸和笔"的技术革新。

这一动人场面，正是王选二十年前的夙愿。那时，王选刚刚投身研制汉字激光照排系统，他脑海中不止一次地闪现过这一令人陶醉的场景。但当时被人们认为这是根本不可能实现的梦幻。如今，王选使梦幻变成了现实！

王选虽然退出了科研第一线，但计算机科学研究所及方正团队在他的主持下，依然大踏步前进，硕果累累。

1993年北大方正电子出版系统荣获北京市科技进步特等奖；王选荣获全国教育系统劳动模范，并被授予人民教师奖章。

1994年，王选当选中国工程院院士。

1995年，方正中文电子出版系统再次被评为中国十大科技成就，荣获国家科技进步一等奖。

1997年，方正日文出版系统出口日本。这是中国企业第一次较大规模地出口和销售具有自主知识产权和自有品牌的高科技应用软件。

→ 积劳成疾

★★★★★

2000年9月，终日奔忙的王选病倒了，10月4日被确诊为肺癌。在王选跨出诊室门口时，医生指着他的背影，轻声告诉他的夫人：“最多两年！”

陈堃銶听了，犹如五雷轰顶！她望着王选的背影，脱口说出一句话：“你是累垮的、压垮的！”

说完，她只觉一阵晕眩从眼前飘过。她依靠坚强的毅力，终于使自己迅速冷静下来。她强忍着悲痛，陪伴丈夫回到家里。

王选夫妇在献身汉字印刷术革命的实践中，都经历过同病魔搏斗的生死考验。面对从天而降的不幸，他们都很冷静。确诊后的第三天，王选就立下遗嘱。在800字的遗嘱中，王选用朴实的语言，表达了对祖国、对人民的热爱。他坚信，21世纪中叶中国必将成为世界强国。他对方正和北大计算机研究所的未来充满信心，他激励年轻一代务必“超越王选，走向世界”。

他在遗嘱中也表达了对妻子的一片深情：“我一生中有十个重大选择，其实我最幸运的是与陈堃銶的结合。没有她，就没有激光照排。”

对于生死，王选十分豁达超脱，他说，这次患肺癌，即使有扩散，他也将尽最大努力，顽强地与疾病斗争，争取为国家做一些力所能及的事情。如果已成不治之症，则坚决要求“安乐死”，不愿浪费国家和医生们的财力、物力和精力。死后捐赠身上所有有用的东西，包括角膜。遗嘱全文如下：

王选遗嘱

1.人总有一死。这次患肺癌，即使有扩散，我将尽我最大努力，像当年攻克科研难关那样，顽强地与疾病作斗争，争取恢复到轻度工作的水平，我还能为方正和北大计算机研究所、尤其是为国家做一些力所能及的事情。

2.一旦医生会诊确定已全面转移，并经中医实验治疗无效，医生认为已为不治之症，只是延长寿命而已，则我坚决要求“安乐死”，我的妻子陈堃銶也支持这样做，我们两人都很想得开，我们不愿意浪费国家和医生们的财力、物力和精力，这点恳请领导予以满足，我要带头推动“安乐死”。

3.在安乐死或正常脑死亡时，立即捐献我身上所有有用的东西，包括角膜，以挽救更多的生命。

4.我死之后，在取出有用器官后，请务必于12小时之内送火葬场，家属不要陪同，只需少数人执行，骨灰不保留。12小时内火化完成，就可以完全避免遗体告别、追悼会等我最最反对的程序。

5. 死了以后不要再麻烦人，不得用公款为我设基金，除非我和陈堃銶自己的捐款，才可考虑设基金，基金也不一定用我的名字命名。

6. 我对国家的前途充满信心，21世纪中叶中国必将成为世界强国，我能够在有生之年为此做了一点贡献，已死而无憾了。

7. 我对方正和北大计算机研究所的未来充满信心，年轻一代务必"超越王选，走向世界"，希望方正和北大计算机研究所一代代领导能够以身作则，以德、以才服人，团结奋斗，更要爱才如命，提拔比自己更强的人到重要岗位上。

8. 我死后的财产全部属于妻子陈堃銶，我常说我一生有十个重大选择，其实我最幸运的是与陈堃銶的结合，没有她就没有激光照排，由她决定何时捐出多少财产，她对名利看得十分淡薄。

感谢关心我的领导、同事和同志们，务请按我遗嘱办事。有些未了的心愿，已口头交代给陈堃銶。

王　选

2000 年 10 月 6 日

王选立下遗嘱后，就以惊人的毅力，同病魔展开了顽强的斗争。

他最初的手术很成功。但一年后病情复发，肿瘤不断转移。5 年间他历经两次大手术，接受过多次化疗和放射治疗，身体很虚弱，一天 24 小时都经受着疼痛的折磨。但他从不呻吟叫苦，只是在病情恶化后，才轻声对妻子说："我实在很痛苦！"

他在病中依然满腔热情地关心爱护年轻人才。他不能像以前那样找年轻人谈话了，就通过打电话、发邮件给年轻人以鼓励和帮助。

2003 年，王选的博士生潘爱民即将毕业。此时，王选的病情已经加重，但他坚持在病榻上看完了潘爱民长达 100 页的毕业论文。又在 5 天之内给他提出了修改意见。小潘至今不忘导师的恩情。

据陈堃銶回忆，王选在患病的 1900 多天里，有 794 天是在治疗和住院。但他忍着病痛，写出了 50 多篇文章和讲话。把他几十年来用心血换来的经验体会告诉人们，供后人参考。

王选在治病期间，仍坚持参加了一些重大的政治社会活动。他身为"九三学社"中央副主席，2001 年出席了"九三学社"第 47 次主席会。

王选在攀登科技高峰时取得的重大成果，这几年仍不断给他带来崇高的荣誉。

2000 年，王选荣获北京市劳动模范称号。

2002 年 2 月 1 日，江泽民主席为王选颁发了国家最高科学技术奖，这是王选一生中获得的最高荣誉，奖金 500 万元。随后，他又获得北京大学重奖 500 万元。面对 1000 万元高额奖金，王选高兴地笑了。他从中拿出 900 万元，在北大计算机研究所设立了"王选科技创新基金"，全力支持北大方正年轻人不断创新，勇攀科技高峰。

△ 2002年，王选荣获2001年度国家最高科学技术奖

2003 年，他当选为全国政协第十届全国委员会副主席。他应邀出席了纪念程砚秋诞辰 100 周年座谈会。

2005 年，王选出席并主持了"九三学社"建社 60 周年纪念大会。

别忘了，上面列举的工作和活动，都是王选身患绝症、写完遗嘱后完成的。王选用他表里如一的言行，诠释了"鞠躬尽瘁，死而后已"的含义。

王选在患病期间，除工作和住院治疗外，仍坚持参加体育活动。他的近邻好友李蒙（全国政协副主席）经常能从自家窗口看到他和妻子陈堃銶在室外打太极拳。他们双双站在绿草地旁，静静地划出刚柔相济的太极弧线。

巨星陨落　精神永存

➡ 把鲜血留给更需要的人

★★★★★

2005 年 11 月，王选的病情恶化，不能进食，每天只能喝几口水和果汁，靠鼻饲营养液维持生命。但他仍坚持自己洗澡、上厕所，不愿麻烦别人，直到后来非常虚弱时，才让妻子相助。

2006 年 2 月 13 日上午，王选消化道出血不止，身体已极度虚弱，他几次挣扎着想说话，但都没能发出声音。陈堃銶俯身在他耳边轻声、缓慢地说："我知道，你想停止抢救，把鲜血留给更需要的病人……"

王选深情地望着妻子，轻轻地点了点头，眼中流出了眼泪。陈堃銶说："这是他第一次，也是最后一次流泪。我知道他舍不得离开这个世界，舍不得离开他的事业和亲人……但是他还是走了。"陈堃銶叹了口气，接着说，"他以前出差，总是盼着早点回家，但这次，他永远回不来了……"

2006 年 2 月 13 日 11 时 3 分，王选在北京协和医院安详地闭上了眼睛，享年 70 岁。

当天中午，新华社就发布了王选病逝的快讯。新华网、搜狐、新浪等各大网站都随即播发了快讯，开设了专题。

噩耗迅速传遍了北京大学校园。北大当即成立了以许智宏校长为主任的治丧办公室，连夜在北京大学 100 周年纪念大厅搭起灵堂，供师生员工吊唁。

北大学子们更是悲痛不已。他们等不及灵堂布置完毕，就纷纷在学校的网上纪念馆为敬爱的王选老师献上鲜花。从 13 日下午 3 时到 5 时，短短两小时里，已有 4000 人献花吊唁，留言 200 多条。到晚上 10 时左右，已有 16000

人在网上表达悼念之情。由此可以看出王选在人们心中的崇高威望。

网上的留言，铺天盖地，现随手摘录几句：

"悲痛！悲痛！""一代创新宗师，沉痛悼念！"

"我们生活在王选的世界！"

"'当代毕昇'和'方正之士'，王选都实至名归！"

"他以自己的人生，塑造了一座自主创新的丰碑，也塑造了一座拼搏不息、勇攀高峰的精神丰碑。"

当晚，王选亲手创办的方正集团，向全体员工发出"光大王选自主创新精神"的号召，尊称王选是方正永远的精神领袖。有一位员工在网上留言："作为北大方正的灵魂，王老师永远活在我们心中！"

→ 他永远活在人们心中

★★★★★

2006年2月19日上午，北京八宝山公墓礼堂庄严肃穆，哀乐低回。大厅正上方悬挂着黑底白字的横幅"沉痛悼念王选同志"。横幅下方是王选的遗像。他的遗体安放在鲜花翠柏丛中，身上覆盖着鲜红的中华人民共和国国旗。他的棺椁前，悬挂着妻子陈堃铫写的挽联："半生苦累，一生心安。永痛心中的堃铫。"周边摆满了花圈。

上午9时许，国家主席胡锦涛、总理温家宝等多位国家领导人，都来到礼堂，与王选同志告别。

随后，有几千人步入礼堂与王选告别。有许多人是噙着泪水走出礼堂的。

巨星陨落 精神永存

王选的大学同窗、共事 50 年的毛德行教授，深为王选献身科研的精神所感动，面对记者提问，他几度哽咽之后说："王选到了天堂以后，他还是要搞科研的。"

北大方正集团董事长魏新说："纵横千年，当代王选与毕昇，将同时被世界公认与铭记。"

理论物理学家何祚庥院士对采访他的记者说："中国古代四大发明的真正继承者和开拓者，只有王选。说他是当代毕昇，当之无愧。"他还说，"王选是当今中国科技界的领军人物之一。王选的去世，使中国科技界缺少了一个灵魂人物。"

全国政协副主席刘延东撰文说："王选同志就像一缕清风，一轮明月，一汪清水，活得高洁致远，走得飘逸洒脱！"

国家主席胡锦涛在 2006 年 6 月 5 日两院院士大会的讲话中，对王选奋勇拼搏的一生给予了高度评价："前不久过世的王选院士，是我国院士的杰出代表，他献身科学，敢为人先，提携后学，甘为人梯，为我国广大知识分子树立了光辉的榜样。"

一颗科技巨星陨落了。但人们将会永远怀念这位功勋卓著、品德高尚、把毕生精力都奉献给祖国和人民，为国家、为民族做出巨大贡献的科学家！

2007 年 2 月 13 日，北京大学计算机研究所和北大方正集团在北京联合筹建的"王选纪念陈列室"建成并举行了揭牌仪式。

2009 年 7 月 2 日，王选事迹陈列馆在他的家乡无锡落成并对外开放。

2009 年 9 月 10 日，在中共中央宣传部、中共中央组织部等 11 个部门联合组织开展的评选"双百"人物活动中，王选教授当选"100 位新中国成立以来感动中国人物"之一。

2010 年 9 月 10 日，王选院士铜像在北京印刷学院落成。

2012 年 1 月 12 日，方正集团董事会授予王选院士"方正终身成就奖"。陈方锐院士代表王选接受了奖杯和证书。

为了纪念王选的杰出学术成就和为人类科技发展的巨大贡献，国际小行星中心决定：把中国科学院紫金山天文台发现的国际编号为 4913 号小行星，命名为"王选星"。2008 年 1 月 31 日上午，在全国政协礼堂举行了隆重的"王选星"命名仪式。王选的名字将在浩瀚的宇宙中永放光彩。

后　记

淡泊名利　虚怀若谷

1990 年秋天，王选老师在百忙中审阅了我采写的《王选传》手稿。当我去北京大学取稿时，他风趣地说："郭记者辛苦了，谢谢！"（我当时是《人民教育》杂志的记者、编辑）

他夸赞了几句书稿后，便坦率地谈了他的看法："我的意见已经随手记在你的文稿上了。有一点，我还要特别强调：汉字激光照排系统绝不是我一个人的功劳，它凝聚了很多人的心血和智慧。"他说完，就一连提出二十多人的名单，并逐一讲述了他们的事迹和贡献，叮嘱我在书中补写。

王选淡泊名利、虚怀若谷的品格，我在采访时已经深有体会。这次，他在审读文稿时流露出的谦逊待人的品德，再次给我留下了美好的印象。取回文稿后，我尽力补充了一些协作单位和王选助手的事迹。不过，离王选的要求还有不小的差距。但是，一本传记只能以一人为主，不能涉及太多的人物和事件。为此，我在书稿最后写了 300 字的"特别声明"，向王选老师表达了歉意。

年底，《王选传》出版发行，转年，又再版加印了一次，全国多家媒体都进行了连载。王选老师在给友人的信中也曾谈及此书："本书所写的汉字激光照排系统研制过程基本属实。但印在封面上的'内容提要'提法不妥。'中国汉字激光照排之父'、'中国当代毕昇'等提法，均把大家的功劳归于一人……"

这封信，又一次显示了王选老师的谦虚美德。但王选或不知，亿万民众早已把上述两顶桂冠授予了他，至今仍在海内外广为流传。这是祖国人民依据他的杰出贡献，给予的客观评价。

王选怀着对祖国、对人民的无限忠诚，为我国汉字印刷术第二次革命，奉献出毕生的心血。为汉字和中华民族文化顺利跨入信息化时代，立下了不朽的功勋！

王选老师已于 2006 年 2 月 13 日离开了我们。但永不消逝的"王选星"，却在浩瀚的太空中，日夜不停，深情地注视着祖国和人民，关注着绚丽多彩、蓬勃发展的汉字文化出版事业。

但愿这本传记，能有助于年轻的读者了解王选一生的光辉历程，从中得到启迪和激励。

我也以本书的再次出版，表达对王选老师的深切缅怀和悼念！

另外，原书中的黑白照片，现已更新为彩照，其中有 14 张都是在王选夫人陈堃銶教授的关照下，由原王选的秘书——王选陈列室主任丛中笑提供的，特在此表示衷心的感谢！

郭洪波

2012 年 2 月

/100位

新中国成立以来感动中国人物 /

丁晓兵　马万水　马永顺　马恒昌　马海德　中国女排五连冠群体

孔祥瑞　孔繁森　文花枝　方永刚　方红霄　毛岸英

王　杰　王　选　王　瑛　王乐义　王有德　王启民

王进喜　王顺友　邓平寿　邓建军　邓稼先　丛　飞

包起帆　史光柱　史来贺　叶　欣　甘远志　申纪兰

白芳礼　任长霞　刘文学　刘英俊　华罗庚　向秀丽

廷·巴特尔　许振超　达吾提·阿西木　邢燕子　吴大观

吴仁宝　吴天祥　吴金印　吴登云　宋鱼水　张　华

张云泉　张秉贵　张海迪　时传祥　李四光　李春燕

李桂林和陆建芬夫妇　李素芝　李梦桃　李登海　杨利伟

杨怀远　杨根思　苏　宁　谷文昌　邰丽华　邱少云

邱光华　邱娥国　陈景润　麦贤得　孟　泰　孟二冬

林　浩　林巧稚　林秀贞　欧阳海　罗映珍　罗健夫

罗盛教　草原英雄小姐妹　赵梦桃　钟南山　唐山十三农民

容国团　徐　虎　秦文贵　袁隆平　钱学森　常香玉

黄继光　彭加木　焦裕禄　蒋筑英　谢延信　韩素云

窦铁成　赖　宁　雷　锋　谭　彦　谭千秋　谭竹青

樊锦诗

图书在版编目（CIP）数据

王选 / 郭洪波著. -- 长春：吉林文史出版社，
2012.6（2022.4重印）
（100位新中国成立以来感动中国人物）
ISBN 978-7-5472-1094-9

Ⅰ. ①王… Ⅱ. ①郭… Ⅲ. ①王选（1937～2006）－
生平事迹－青年读物②王选（1937～2006）－生平事迹－
少年读物 Ⅳ. ①K826.16-49

中国版本图书馆CIP数据核字（2012）第136129号

王　选

WANGXUAN

著/ 郭洪波

选题策划/ 王尔立　责任编辑/ 王尔立 李洁华 马华 任玉茗

装帧设计/ 韩璘

出版发行/ 吉林文史出版社

地址/ 长春市福祉大路5788号　邮编/ 130118

电话/ 0431-81629363　传真/ 0431-86037589

印刷/ 天津海德伟业印务有限公司

版次/ 2012年8月第1版 2022年4月第4次印刷

开本/ 640mm×920mm　1/16

印张/ 9　字数/ 100千

书号/ ISBN 978-7-5472-1094-9

定价/ 29.80元